UTB **2913**

Eine Arbeitsgemeinschaft der Verlage

Beltz Verlag Weinheim · Basel
Böhlau Verlag Köln · Weimar · Wien
Verlag Barbara Budrich Opladen · Farmington Hills
facultas.wuv Wien
Wilhelm Fink München
A. Francke Verlag Tübingen und Basel
Haupt Verlag Bern · Stuttgart · Wien
Julius Klinkhardt Verlagsbuchhandlung Bad Heilbrunn
Lucius & Lucius Verlagsgesellschaft Stuttgart
Mohr Siebeck Tübingen
C. F. Müller Verlag Heidelberg
Orell Füssli Verlag Zürich
Verlag Recht und Wirtschaft Frankfurt am Main
Ernst Reinhardt Verlag München · Basel
Ferdinand Schöningh Paderborn · München · Wien · Zürich
Eugen Ulmer Verlag Stuttgart
UVK Verlagsgesellschaft Konstanz
Vandenhoeck & Ruprecht Göttingen
vdf Hochschulverlag AG an der ETH Zürich

Nicole Mahne

Transmediale Erzähltheorie

Eine Einführung

Vandenhoeck & Ruprecht

Nicole Mahne, geb. 1972, studierte an der Universität Bielefeld Germanistik, Linguistik und Pädagogik. 2006 promovierte sie im Fachbereich Germanistik und arbeitet seither als freiberufliche Autorin.

Mit 18 Abbildungen

Bibliografische Information der Deutschen Nationalbibliothek

Die Deutsche Nationalbibliothek verzeichnet diese Publikation in der Deutschen Nationalbibliografie; detaillierte bibliografische Daten sind im Internet über http://dnb.d-nb.de abrufbar.

ISBN 978-3-8252-2913-9 (UTB)
ISBN 978-3-525-03224-4 (Vandenhoeck & Ruprecht)

Umschlaggestaltung: Atelier Reichert, Stuttgart
Satz: Hubert & Co., Göttingen
Druck und Bindung: Books on Demand GmbH, Norderstedt

ISBN 978-3-8252-2913-9 (**UTB-Bestellnummer**)

Inhalt

1. Einleitung

Das *Erzählerische* oder *Narrative* beschreibt eine grundlegende kognitive Fähigkeit des Menschen, Ereignisse der Lebenswirklichkeit sinnvoll zu organisieren und zu vermitteln. Das menschliche Wahrnehmungsvermögen, zeitliche Prozesse in eine chronologische und kausale Ordnungsstruktur zu überführen, bildet das Fundament für die Gestaltung von Erzählwerken. Die Manifestation einer Idee, einer abstrakten Geschichte, in eine mediale Äußerungsform ist grundsätzlich gebunden an die Darstellungsoptionen der Trägersubstanz. Erzählmedien, wie der Roman, der Film, der Comic usw. sind demzufolge keine neutralen Übertragungswege, sondern gestalten durch ihre internen Strukturgesetze den Erzählinhalt entscheidend mit.

In ihren Anfängen orientierte sich die Erzähltheorie vornehmlich an den Ausdrucksmöglichkeiten des Romans und setzte seine medienspezifischen Merkmale als definitionsrelevant für den Erzählbegriff. Der transmediale Erklärungsansatz dieser Untersuchung beruht nicht auf dem medialen Leistungspotential einer einzelnen Erzählgattung. Das Narrative als formales Verstehens- und Kommunikationsprinzip wird im Gegenteil allen medialen Erscheinungsformen übergeordnet. *Transmedialität* bezeichnet in Anlehnung an Irina O. Rajewsky »[m]edienunspezifische Phänomene, die in verschiedensten Medien mit dem jeweiligen Medium eigenen Mitteln ausgetragen werden können, ohne daß hierbei die Annahme eines kontaktgebenden Ursprungsmediums wichtig oder möglich ist.«[1]

Die *Einführung in die transmediale Erzähltheorie* analysiert die verschiedenartigen Möglichkeiten und Begrenzungen von Zeit- und Raumgestaltung, kommunikativen Verschachtelungen und Figurenwahrnehmung im Roman, Comic, Film, Hörspiel und in der Hyperfiktion.

---

1 Rajewsky, S. 13.

Eine qualitative Gegenüberstellung und Bewertung der einzelnen Erzählmedien wird bewusst vermieden. Eine Pauschalisierung basiert notwendigerweise auf Einzelfallanalysen, die stellvertretend für die gesamte Erzählgattung gegeneinander ins Feld geführt werden. Im Rahmen dieser Einführung soll hingegen das theoretische Präsentationsspektrum jeder Erzählgattung gleichrangig im Fokus stehen.

Vorangestellt wird eine skizzenhafte Entwicklungsgeschichte des Erzählbegriffs (Kap. 2), um die in dieser Arbeit zu Grunde gelegte wissenschaftliche Ausgangsposition der transmedialen Erzähltheorie deutlich ab- und einzugrenzen. Anschließend werden die wesentlichen inhaltlichen Elemente einer Geschichte, unabhängig von ihrer letztendlichen medialen Realisation, vorgestellt und definiert (Kap. 3). Viele wissenschaftliche Disziplinen besetzten den Medienbegriff im Sinne ihrer Forschungsinteressen mit heterogenen Bedeutungen. Die daraus resultierende Definitionsvielfalt erfordert dementsprechend eine präzise terminologische Einschränkung seines aktuellen Geltungsbereichs (Kap. 4).

Das umfangreiche Analyseinstrumentarium der Erzählforschung wurde methodisch hauptsächlich an dem Untersuchungsobjekt Roman ausgerichtet. Um die Terminologien vorzustellen, die auch im Kontext aller anderen narrativen Erscheinungsformen von Relevanz sind, wird der Roman aus pragmatischen Gründen vorangestellt (Kap. 5). Speziell die Aspekte der Zeitgestaltung und Fokalisierung sind von medienübergreifender Bedeutung, müssen jedoch im Kontext des jeweiligen narrativen Mediums geprüft, überarbeitet und weiterentwickelt werden. Ebenso wie sich eine Geschichte nicht verlustfrei von einer Erzählgattung in die andere übertragen lässt, bedürfen auch die Beschreibungskategorien einer sorgfältigen medienadäquaten Überarbeitung.

Der Comic (Kap. 6) und der Film (Kap. 7) nehmen sich auf Grund ihrer komplexen Zeichenkombinationen verhältnismäßig umfangreich aus. Parallelen, die sich aus der Schnittmenge *Bild* ergeben, werden nicht in beiden Analysen detailliert beschrieben, sondern durch Verweise kenntlich gemacht.

Dasselbe gilt für das Hörspiel (Kap. 8), dessen Besprechung sich vergleichsweise kurz ausnimmt, da viele der sprachgebundenen Ausdrucksmöglichkeiten bereits am Beispiel des Romans zur Diskussion stehen. Explizit ausgeführt werden folglich nur die medienspezifischen Besonderheiten.

Die Hyperfiktion (Kap. 9) nimmt eine Sonderstellung ein, insofern es sich um ein ästhetisches Randphänomen handelt, das sich nur begrenzt im wissenschaftlichen Diskurs etablieren konnte. Auf der anderen Seite verfügt die Hyperfiktion auf der Grundlage ihrer digitalen Präsentationsform über völlig neuartige narrative Ausdrucksmittel, anhand derer die enge Relation von Medium – Darstellung – Erzählinhalt anschaulich demonstriert werden kann. Hyperfiktion und Roman basieren gleichermaßen auf dem Zeichensystem Schriftsprache, und vermögen dennoch signifikant unterschiedliche Raum- und Zeitkonzeptionen zu verwirklichen.

Die Schlussbetrachtung (Kap. 10) fasst die unterschiedlichen Darstellungstechniken der vorgestellten narrativen Erscheinungsformen resümierend zusammen, zieht Vergleiche und arbeitet Differenzen heraus.

2. Was heißt Erzählen?

Zu Beginn der erzähltheoretischen Forschung in den 20er Jahren des letzten Jahrhunderts dominieren *strukturalistische Definitionsansätze.* Die strukturalistische Prägung drückt sich in der Analyse unwandelbarer Gesetzmäßigkeiten des Untersuchungsgegenstandes aus, unter Ausschluss kognitiver, pragmatischer und kontextueller Bezüge. Boris Tomaševskij nimmt in seinem Werk *Theorie der Literatur* von 1925 erstmals die Differenzierung in *fabula* und *sjuet* vor, die anschließend von Tzvetan Todorov in *histoire* und *discours* übersetzt und um umfassendere Analysemerkmale ergänzt wird. In der Entwicklung der Erzählforschung wird dieses Begriffspaar noch vielfach umbenannt und untergliedert.[2] Die Polarisierung basiert auf der Unterscheidung zwischen dem Inhalt eines narrativen Textes (fabula/histoire) und der Darstellungsseite (sjuet/discours), die den Inhalt an die mediale Oberfläche transportiert. Diese Differenzierung zwischen einer abstrakten, vormedialen Geschichte und der jeweiligen objektgebundenen Realisierung markiert das Grundgerüst strukturalistischer Erzähltheorie, die sich in ihren Anfängen vornehmlich an der Schriftsprache orientiert.

Seymour Chatman gehört zu den ersten Erzähltheoretikern, die den Erzählbegriff nicht auf den textbasierten Roman reduzieren, sondern seinen Geltungsbereich auf verschiedenartige Medien ausweiten. In seinem Standardwerk *Story and Discourse* von 1978, der Titel beinhaltet die beschriebene Unterscheidung von abstraktem Inhalt (story) und konkreter Manifestation (discourse), stellt Chatman die Erzähltechniken von Roman und Film vergleichend gegenüber. Chatman definiert das Narrative als einen von drei Texttypen. Unter den Textbegriff subsumiert Chatman alle Medien, der die Zeit als immanente Strukturkomponente innewohnt. Im Unterschied zu *spatial media*, wie Bilder oder Skulpturen, kontrollieren *temporal media* die Präsentationszeit.

---

2 Vgl. dazu Martinez/Scheffel, S. 26.

Zweifelsohne erstreckt sich die Kontemplation eines Bildes in der Zeit, sie ist allerdings kein »temporal ›program‹ inscribed in the work«. Ein zeitgebundenes Medium »requires us to begin at a beginning *it* choses (the first page, the opening shots of a film, the overture, the rising curtain) and to follow its temporal unfolding to the end it prescribes.«[3]

Worin unterscheidet sich das Narrative nun von den beiden anderen Texttypen *description* und *argument*, die gleichfalls an die Sequenzialität der Präsentation gebunden sind? Der Unterschied basiert laut Chatman auf der *doppelten Zeitachse* der medialen Darstellung einerseits und der abstrakten Handlungsfolge auf der Ebene der Geschichte, »the duration of the sequence of events that constitute the plot«, andererseits.[4] Die Ereignisordnung, -dauer und -frequenz der abstrakten Geschichte erfahren im Vermittlungsprozess eine Reorganisation. Die Reihenfolge der erzählten Ereignisse variiert im Verhältnis zum ›realen‹ Ablauf, Ereignisse werden verkürzt oder gedehnt präsentiert, wiederkehrende Ereignisse werden summarisch zusammengefasst oder Einzelvorfälle wiederholt erzählt. Chatman bezeichnet dieses Phänomen zweier Zeitachsen in der *story* und im *discourse* als *chrono-logic*.

Das Erzählerische lässt sich nach Chatman folglich an zwei Grundkonstituenten festmachen: die Sequenzialität des darstellenden Mediums als formale Voraussetzung des *discourse*, und die Existenz von Ereignisketten als inhaltliches Kriterium der *story*.

Triebfeder für die Ausweitung der Erzählforschung auf andere mediale Erscheinungsformen ist die Behauptung der Übertragbarkeit der hypothetischen Geschichte in diverse Darstellungsformen. Voraussetzung dafür ist eine zu Grunde liegende Tiefenstruktur, deren interne Ordnung übertragen und wiedererkannt wird. Chatmans Grundsatz der »transposability of the story«[5] ist auch richtungweisend für die Arbeiten Claude Bremonds.

It may be transposed from one to another medium without losing its essential properties: the subject of a story may serve as argument for a ballet, that of a novel can be transposed to stage or screen, one can recount in words a film to someone who has not seen it. These are words we read, images we see, gestures

---

3 Chatman, Coming to Terms, S. 7.
4 Ebd., S. 9.

5 Ebd., S. 121.

we decipher, but through them, it is a story that we follow; and this can be the same story.[6]

Die Prämissen der strukturalistischen Erzähltheorie sind in den letzten Jahrzehnten eingehend geprüft, diskutiert und überarbeitet worden. Die Kritik beanstandet das Konzept einer vormedialen Geschichte, die Vernachlässigung pragmatischer, semantischer und kognitiver Aspekte des Narrativen, sowie das naive Medienverständis.

Barbara Herrnstein Smith argumentiert gegen die Hypothese einer abstrakten Geschichte. Die Vorstellung von narrativen Versionen *einer* Geschichte resultieren ihres Ermessens aus vergleichbaren Lesekonventionen und gemeinsamen kulturellen Codes und nicht aus der inhärenten Tiefenstruktur. Am Beispiel des populären Märchens *Cinderella* begründet sie die Mangelhaftigkeit eines tiefenstrukturalistischen Ansatzes.

[…] if each reader of this article were asked to give a plot summary of Cinderella, the individual summaries would indeed resemble each other fairly closely [...] I think, it is not the uniformity of the intuitively apprehended deep-plot structure of all the versions of Cinderella but rather (1) the similarity of our individual prior experiences of particular individual tellings designated Cinderella; (2) the similarity of the particular ways in which almost all of us have learned to talk about stories generally; and (3) the fact that all of us, in attempting to construct a plot summary in this particular context and in connection with these particular issues, would be responding to similar conditions and constrains.[7]

Thomas M. Leitch spricht sich ebenfalls gegen das Konzept einer vormedialen Geschichte aus. Das Narrative tritt grundsätzlich als mediale Manifestation in Erscheinung und kann folglich nicht unabhängig von ihr beschrieben werden, »since no story exists outside or independent of a narrative discourse«.[8] Definitionsrelevante Eigenschaften des Narrativen treten nach Leitch in der Bedeutungsorganisation der *story-as-discoursed* hervor und lassen sich anhand von Narrativitätskriterien spezifizieren. N. J. Lowe beschreibt zwei wesentliche Merkmale des narrativen Plots, d. h. seiner Sinngestaltung im Einzelwerk: die *Interessantheit* und die *Kohärenz*.[9]

---

6 Bremond, S. 4.
7 Smith, S. 217.

8 Leitch, S. 16.
9 Vgl. dazu Rigney, S. 267.

Narrativitätskriterien setzen keine absoluten Maßstäbe, sondern sind graduell zu realisierende Qualitäten. Narrativität beschreibt ein variables Konzept, dem folgend »different narratives have different degrees of narrativity«.[10] Die kritisierte Schwachstelle des plotorientierten Ansatzes fußt auf der Subjektivität seiner Beurteilung. Interessantheit, Relevanz und Verständlichkeit, um drei Prinzipen exemplarisch herauszugreifen, sind keine objektiven Beschreibungskriterien, sondern lassen sich nur in Abhängigkeit des subjektiven Erlebens des Rezipienten bewerten. Leitch betont darüber hinaus das Relationsverhältnis von Relevanz (bei Leitch *tellability*) und medialen Darstellungsbedingungen:

> [...] the tellability of a given narrative may depend so intimately on the resources, constraints, and challenges of a given medium that the narrative may not be tellable in any other medium.[11]

Leitch bringt an dieser Stelle eine konstitutive Größe ins Spiel, die in der Erzähltheorie lange Zeit vernachlässigt wurde: das Erzähl*medium*. Selbst Theoretiker wie Chatman, die den Gegenstandsbereich der Erzähltheorie erweitert haben für andere mediale Realisierungsformen des Narrativen, verkennen seine Einflussgröße. Die Prämisse der verlustfreien Übertragbarkeit einer Geschichte entlarvt Marie-Laure Ryan als Fehlschluss:

> Each medium has particular affinities for certain themes and certain types of plot: you cannot tell the same type of story on the stage and in writing, during conservation and in thousand-page novel, in a two-hour movie and in a TV serial that runs for many years.[12]

Medien übernehmen nicht die Funktion neutraler Transportbehältnisse für beliebig austauschbare Inhalte. Im Gegenteil prägen ihre Struktureigenschaften die Ausdrucks*form* und damit auch den Ausdrucks*inhalt* des Erzählten. Medien »beeinflussen durch die in ihnen als Programm eingeschriebenen Möglichkeiten die Zeichengestaltung und damit die Gestaltung der Äußerungsformen, Inhalte, also der Texte insgesamt, die mit diesen Apparaturen hergestellt werden«.[13]

10　Prince, S. 145.
11　Leitch, S. 32.
12　Ryan, Will new media produce new narratives?, S. 356.

13　Hickethier, S. 77.

Werner Wolfs *transmediale Erzähltheorie* bietet eine Alternative zu den vornehmlich objektorientierten Definitionsansätzen. Das Narrative basiert nach Wolf nicht auf dem dualistischen Modell von *story* und *discourse*, bzw. Geschichte und Darstellung, oder auf der Erfüllung von Narrativitätskriterien. Das Narrative definiert Wolf als *kognitives Schema menschlichen Denkens*. Es beinhaltet die Fähigkeit des Menschen, zeitliche Prozesse in einem kausalen Sinnzusammenhang zu verstehen, zu deuten und zu kommunizieren. Das Narrative als »stereotypes verstehens-, kommunikations- und erwartungssteuerndes Konzeptensemble«, kann durch werkexterne und werkinterne Signale gezielt stimuliert werden.[14] Ein Medienprodukt kann dann als narrativ bezeichnet werden, wenn es das narrative Schema des Rezipienten zu aktivieren vermag. Dieser Prozess wird durch mediengebundene Indizien, Wolf spricht von *Narremen* oder *Narrativitätsfaktoren*, ausgelöst.

Inhaltliche und *syntaktische Narreme* benennen die Basiselemente eines narrativen Werkes. Unter den inhaltlichen Narremen lassen sich die erforderlichen Konstituenten der erzählten Welt subsumieren, die da sind *Ort*, *Zeit*, *Handlung* und *Figurenpersonal*. Syntaktische Narreme betreffen die sinnvolle Organisation des Erzählten unter den Aspekten der Chronologie, Kausalität und Teleologie. Gleichwohl Kausalität und Teleologie hohes narratives Potential besitzen, bleiben sie optional. Eine rekonstruierbare chronologische Ordnung der Ereignisse hingegen, d. h. die »Anordnung narrativer Sachverhalte auf einem erfahrungskonform unumkehrbaren Zeitvektor«, ist eine notwendige Voraussetzung.[15] Die Stimulation des narrativen Schemas lässt sich nur graduell und nicht absolut messen. Ihre Intensität variiert in unmittelbarer Abhängigkeit zu den realisierten inhaltlichen und syntaktischen Narrativitätsfaktoren.

Das Narrative, verstanden als *universal structure*[16], umfasst heterogene mediale Erscheinungsformen. Es lässt sich nicht anhand formaler Kriterien eines Einzelmediums isolieren und kennzeichnen. Es stellt sich folglich auch nicht die Frage nach definitionsrelevanten Präsentationsformen, die immer an das Spezifikum des konkreten Mediums ge-

---

14 Wolf, Das Problem der Narrativität, S. 32.

15 Ebd., S. 47.

16 Ryan, Beyond Myth and Metaphor, S. 581.

bunden sind, sondern nach den »narrative[n] Leistungsmöglichkeiten verschiedener Medien«.[17]

Ein transmedialer Ansatz des Narrativen verlangt nach einer medienunabhängigen Begriffsbestimmung, d. h. Darstellungsmöglichkeiten eines Einzelmediums dürfen nicht als definitionsrelevant gesetzt werden. Am Roman orientierte Erzähltheoretiker, wie Franz K. Stanzel oder Gérard Genette, setzten die Existenz einer nachweisbaren Erzählinstanz als grundlegende Bedingung des Narrativen. Auch Chatman, der sich einerseits auf neue mediale Territorien vorwagt, passt andererseits sein Beschreibungsvokabular nicht der neuen Erzählumgebung an. Die daraus resultierenden Schwierigkeiten manifestieren sich in dem beharrlichen Bemühen, das Konzept des werkinternen Erzählers als konstitutives Merkmal des Narrativen in andere Erzählformen zu retten. Da sich im Film nur in Einzelfällen eine Erzählerstimme nachweisen lässt, schlägt Chatman den alternativen Terminus *presenter* vor, um der ikonischen Darstellungsweise durch das bewegte Bild Rechnung zu tragen. Rainer Hannes plädiert als Alternative zum klassischen Erzählerbegriff für den des *Handlungsmonteurs* oder *Perspektivators*. Auch Manfred Pfister zeigt sich bestrebt, die Erzählinstanz in die erzähltheoretische Analyse des Films zu integrieren, indem er sie geradewegs mit der Kamera gleichsetzt.

Die variable und bewegliche Kamera im Film stellt also ein vermittelndes Kommunikationssystem dar, erfüllt eine Erzählfunktion, die der Position [...] des fiktiven Erzählers in narrativen Texten entspricht.[18]

Eine Übertragung der Analysekriterien muss zwangsläufig zu fehlerhaften, medieninadäquaten Ergebnissen führen. Eine Konsequenz, die Marie-Laure Ryan auf die *media-blindness* zurückführt.

[T]he indiscriminating transfer of concepts designed for the study of the narratives of a particular medium (usually those of literary fiction) to narratives of another medium.[19]

---

17 Schnackertz, S. 115.
18 Pfister, S. 48. Vgl. dazu auch Lothe, S. 30.

19 Ryan, Narrative across Media, S. 34.

Die am Roman entwickelten umfangreichen Beschreibungskategorien müssen in Bezug auf andere Erzählgattungen geprüft, überarbeitet und weiterentwickelt werden. Darstellungstechniken lassen sich nicht verlustfrei von einem Medium auf das andere übertragen, so dass auch das Analyseinstrumentarium an das jeweilige Medium anzupassen ist.

3. Elemente einer Geschichte

Die Grundelemente einer Geschichte sind das *Figurenpersonal*, der *Ort* der *Ereignisse* und die *Zeit*, in der sie sich vollziehen. Der Terminus Ereignis fungiert an dieser Stelle als Integrationsbegriff für alle Formen der Zustandsveränderung, die sich weiter differenzieren lassen in Handlungen und Geschehnisse. Geschehnisse umfassen Prozesse, die von den Protagonisten als schicksalhafte Veränderung empfunden und passiv erduldet werden. Handlungen hingegen basieren auf dem intentionalen Agieren der Figuren. Handlungen lassen sich weiter in äußerlich erkennbare und mentale Handlungen unterscheiden. Physisches Handeln und die gesprochene Sprache sind für die Figuren der erzählten Welt sinnlich wahrnehmbare Aktionen, wohingegen mentale Entwicklungsprozesse durch Gedanken und Gefühle der Außenwelt verborgen bleiben.

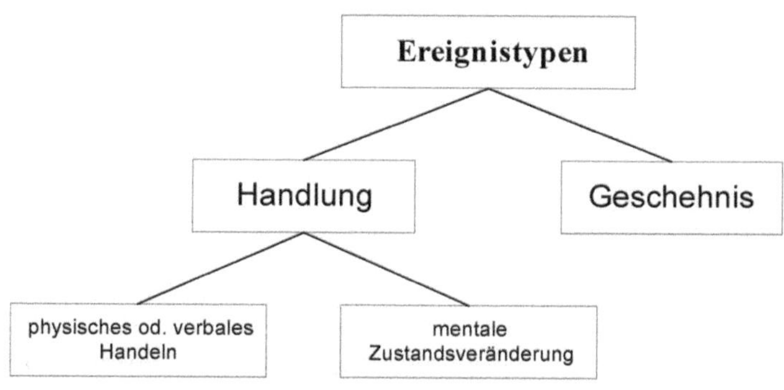

Abb. 1: Ereignistypen

Das Dominanzverhältnis zwischen Handlungen und Geschehnissen lässt möglicherweise Spekulationen über die Konstituierung der erzählten Welt zu. Gestalten vornehmlich unabwendbar Schicksalsschläge das Leben der Figuren, gewinnen Themen wie Autonomie und Freiheit an Bedeutung. Erzählwerke, die sich auf die geistige und emotionale Persönlichkeitsstruktur der Figuren konzentrieren, sind nicht auf die sichtbare und konkrete Ereignishaftigkeit angewiesen. Werner Wolf erklärt physisches und verbales Handeln allerdings zum unverzichtbaren Element des Narrativen. Wolf argumentiert, ein transmedialer Ansatz »kann und darf [...] auf eine äußere Handlung als das prototypische Rückgrat des Erzählens [...] nicht verzichten«, denn nicht alle Medien verfügen über die Präsentationsmöglichkeiten von Bewusstseinsveränderungen.[20]

Chatman nimmt eine qualitative Bewertung der Ereignisse vor in *relevant* oder *nicht-relevant* für den Plotverlauf. *Kernels* markieren bedeutende Gabelungspunkte, durch die sich die Entwicklung der Geschichte entscheidet. Die Funktion der *satellites* reduziert sich auf »filling in, elaborating, completing the kernel«. Während die *kernels* das Grundgerüst der Geschichte bilden, sind *satellites* »the flesh on the skeleton«.[21] Marie-Laure Ryan geht noch einen Schritt weiter und überträgt ihr Oppositionspaar *plot-functional* und *nonfunctional information* auch auf unbelebte Gegenstände oder Eigenschaften.

Die von Chatman und Ryan vorgenommene Selektion hängt zu einem erheblichen Maß von der rezeptionsseitigen Bewertung ab, und lässt sich nur erschwert als objektives Analysewerkzeug einsetzen. Welches Ereignis als plotrelevant beurteilt wird, steht in Relation zu dem individuellen Erfahrungs- und Wissenshorizont.[22] Problematisch ist ferner die Isolation einzelner Elemente aus dem kausalen Gesamtgefüge. Die bipolare Betrachtungsweise missachtet alle notwendigen Bedingungen, die ein *relevantes* Ereignis oder eine *relevante* Situation herbeiführen oder beeinflussen.

Handlungen können anhand der Elemente Personen, Ort und Zeit in Handlungs*stränge* unterteilt werden, d. h. die Ereignisstruktur einer Geschichte lässt sich systematisch gliedern. Ein neuer Handlungsstrang wird nach Reingard Nischik generiert, wenn er sich in mindestens einer der drei Fundamentalvariablen Personen, Ort und Zeit unterscheidet, wobei ein »Personalwechsel die offensichtlichste Voraussetzung für die Konstituierung verschiedener Stränge ist.«[23]

---

20 Wolf, Das Problem der Narrativität, S. 46. Vgl. auch Ryan, The Modes of Narrativity, S. 371. Ryan fordert ebenfalls eine äußere Zustandsveränderung durch physical events als elementares Narrativitätskriterium.

21 Chatman, Story and discourse, S. 54.

22 Vgl. dazu Gutenberg, S. 110.

23 Nischik, S. 124.

4. Narrative Medien

[…] we should aspire to narrative theories that are independent of medium, while recognizing that the development of such theories demands a certain level of abstraction. Furthermore, I believe that we need medium-specific theories of narrative, theories with a conceptual apparatus sufficiently specialized to define the actual differences between narratives in the various media. In addition to this, we need to be aware of the difference between the two types of narrative theories.[24]

Hauskens Forderung nach einer medienunabhängigen Begriffsklärung des Narrativen sind wir bereits nachgekommen. Das Narrative als kognitives Schema kann durch narrative Medien gezielt stimuliert werden. Die konkreten Erscheinungsformen werden durch die medialen Möglichkeiten und Begrenzungen bestimmt. Bevor in den folgenden Kapiteln das narrative Leistungsvermögen von Roman, Film, Comic, Hörspiel und Hyperfiktion systematisch aufgeschlüsselt wird, muss einleitend der Medienbegriff geklärt werden. Welches Medienverständnis wird zu Grunde gelegt? Können mediale Voraussetzungen benannt werden, die für das Erzählen als notwendig betrachtet werden müssen?

Medien übertragen Zeichensysteme innerhalb eines intentionalen Kommunikationsprozesses, d.h. sie fungieren als Träger von Bedeutungs- und Sinnzusammenhängen zwischen Individuen.[25] Sie dienen als Transportmittel für Botschaften, die mittels symbolischer oder ikonischer Zeichen zwischen Kommunikationspartnern ausgetauscht werden.

---

24 Hausken, S. 397.
25 Den Medienbegriff zeichnet eine schillernde und unübersichtliche Definitionsvielfalt aus. Wissenschaftliche Disziplinen und Teildisziplinen besetzten den Terminus im Sinne ihrer Forschungsaktivitäten mit heterogenen Inhalten. In seiner Funktion als Integrationsbegriff muss er in Bezug auf konkrete Untersuchungsfelder zwangsläufig in seinem Bedeutungsspektrum begrenzt werden. Vgl. dazu Hallenberger, S. 551. Hallenberger fasst die unterschiedlichen Definitionsansätze zusammen, die literaturwissenschaftlichen Diskursen zu Grunde liegen.

Hans-Dieter Kübler erklärt die räumliche Distanz zwischen den Kommunikationsteilnehmern und die technische Übermittlungsform als definitionsrelevant für mediale Kommunikation. Harry Pross' dreigliedriger Medienbegriff besitzt im Rahmen narratologischer Forschungen wesentliche Vorteile gegenüber Küblers eingeschränktem Geltungsbereich. Erzählt werden kann schließlich auch in direkter face-to-face-Kommunikation, also ohne raum-zeitliche Distanz und ohne technische Apparate. Pross' Medienbegriff lässt sich sowohl auf »personale (der menschlichen Person anhaftende) Vermittlungsinstanzen als auch auf jene technischen Hilfsmittel zur Übertragung einer Botschaft« beziehen.[26] Er differenziert zwischen *primären körpergebundenen Medien*, wie Stimme und Körpersprache, *sekundären Medien*, die auf der Seite des Senders an eine technische Apparatur gebunden sind, »die eine Botschaft zum Empfänger transportieren, ohne das er ein Gerät benötigt, um die Bedeutung aufnehmen zu können, also Bild, Schrift, Druck, Graphik, Fotographie«, und *tertiären Medien*, die auch auf Seiten des Empfängers ein Übertragungsgerät verlangen.[27]

Ein in der Erzähltheorie operationalisierbarer Medienbegriff muss über das personengebundene oder technische Trägermedium hinaus auch die kulturellen Erscheinungsformen berücksichtigen. Der Roman und der Comic manifestieren sich beide im Trägermedium Buch. Nichtsdestoweniger handelt es sich um zwei unterschiedliche Erzähl*gattungen*, deren primärer Unterschied in der Zeichenauswahl und Zeichenkombination begründet liegt. Der Roman funktioniert über die Schriftsprache, der Comic vornehmlich über ikonische Zeichensysteme in Kombination mit Schriftelementen.

Zeichensysteme sind transmedial, d.h. durch unterschiedliche Medien zu realisieren. Ein Bild im Comic lässt sich jedoch nur begrenzt mit einem Bild im Film vergleichen. Zeichen bleiben demnach von den medialen Möglichkeiten und Begrenzungen nicht unberührt, sondern entwickeln ihre Wirkungsfähigkeit im Rahmen der medialen Struktureigenschaften.[28]

Medium, im erzähltheoretischen Kontext, bezeichnet folglich das Potential des Trägermediums, Zeichenvorräte einer Erzählgattung zu gestalten.

---

26 Burkart, S. 36.

27 Pross, S. 128.

28 Vgl. dazu Heibach, S. 96.

Welche Beschaffenheiten muss ein *narratives* Medium aufweisen, um als solches definiert zu werden? Chatman grenzt statische und zeitgebundene Medien voneinander ab. Statische Medien vermögen nach seiner Darlegung keine Ereignisprozesse zu vermitteln und qualifizieren sich demnach nicht als narrative Ausdrucksmittel. »[C]an a picture, precisely in all its fixedness, be a bearer of a story?«[29] Bilder sind, wie Hickethier ausführt, *attraktionsorientiert*, verfügen demnach über einen »stärker ganzheitlich wirkenden Charakter, der Gleichzeitigkeit (und damit auch Nichtzeitlichkeit) vermittelt«.[30] Auch Christian Doelker erklärt Bilder als »per se zeitindifferent«.[31] Erst in einer Bildsequenz, z. B. im Film oder im Comic, kommt eine Zeitdimension ins Spiel, die das statische Element in eine zeitliche Dynamik überführt. Andererseits lassen sich auch Phasendarstellungen in einem Einzelbild realisieren. Chatman spricht von *picture narratives*, die »in its simplest form [...] represent [...] the events in a clear sequence, say left to right, on the analogy of western alphabets.«[32] Die Zeitabstände zwischen den Phasen können mehrere Jahre oder auch nur Millisekunden betragen, wie in Marcel Duchamps Gemälde *Nu descendant un Escalier No. 2* (*Akt, eine Treppe herabsteigend Nr. 2*) von 1912. Bewegungsdarstellungen im Einzelbild lassen sich noch durch diverse andere Darstellungstechniken evozieren, wofür speziell Comics eine Vielzahl von Belegen liefern. Sie beruhen auf Bild- und Symbolkonventionen, die vom Rezipienten als zeitliche Abfolgen zu dekodieren sind.

Wie verhält es sich mit der Abbildung eines einzigen Ereignisses im Sinne eines *pregnant moment*? Emma Kafalenos argumentiert »[a] painting or photograph with narrative implications offers the perceiver an experience that is comparable to entering a narrative *in medias res*; we ask ourselves what has happened, what is about to occur, and where we are in the sequence of a narrative«.[33] Die Rekonstruktion der Geschichte verdankt sich demnach ausschließlich der Einbildungskraft des Rezipienten. Die von Ryan vorgenommene Differenzierung in *being a narrative* und *having narrativity* verliert hier an Trennschärfe.

---

29 Varga, S. 195.
30 Hickethier, S. 84.
31 Doelker, S. 177.
32 Chatman, Story and discourse, S. 34.
Vgl. dazu auch Scholes/Kellogg, S. 207.

33 Zitiert aus Ryan, Still Pictures, S. 140.

The property of ›being‹ a narrative can be predicated on any semiotic object produced with the intent of evoking a narrative script in the mind of the audience. ›Having narrativity,‹ on the other hand, means being able to evoke such a script. In addition to life itself, pictures, music, or dance can have narrativity without being narratives in a literal sense.[34]

Von narrativen Medien soll im Folgenden nur dann gesprochen werden, wenn Ereignis*folgen*, als wesentlicher inhaltlicher Narrativitätsfaktor, eine medienspezifische Umsetzung finden.

Werner Wolf stellt eine Rangfolge unterschiedlicher Medien auf, die er nach ihrem jeweiligen Narrativitätspotential bemisst. Dem epischen Erzählen schreibt er das höchste erzählerische Leistungsvermögen zu. Gefolgt von Drama, Film und Comic. An letzter Stelle stehen die Phasendarstellungen im Einzelbild. Das Gefälle zwischen den Medien führt Wolf auf die jeweiligen dominanten Zeichensysteme zurück. Die schriftsprachliche Vermittlung durch einen Erzähler vermag kausale Sinnzusammenhänge und Kohärenzbezüge explizit zu benennen, wogegen sich vornehmlich bildlastige Erzählmedien besonders zur konkreten Darstellung von inhaltlichen Konstituenten der erzählten Welt eignen. Eine absolute Bewertung des narrativen Potentials der Erzählgattungen ist problematisch. Sie gründet zwangsläufig auf Musterbeispielen, die auf Einzelfälle zutreffen mögen, allerdings nicht stellvertretend für das narrative Medium an sich geltend gemacht werden können.

---

34 Ryan, Narrative across Media, S. 9.

5. Roman

5.1 Erzählinstanzen

Die Erzählinstanz generiert den Ort, die Zeit und das Figurenpersonal der Handlung. Der Autor eines faktualen Erzähltextes, z. B. einer Autobiografie, ist mit der Erzählerstimme identisch. Bei fiktionalen Texten gestaltet sich die Kommunikationssituation komplizierter. In der Erzählforschung wird differenziert zwischen dem Textproduzenten einerseits, der auf der werkexternen Ebene inhaltliche und formale Selektionsprozesse verantwortet, und dem fiktiven Erzähler andererseits, der Aussagen über seine textinterne Wirklichkeit trifft. Die Behauptungen lassen sich infolgedessen nicht als Wahrheitsaussagen dem empirischen Autor zuschreiben, sondern sind als imaginäre aber authentische Sätze des fiktiven Erzählers zu verstehen.

Die fiktionale Erzählung ist zugleich Teil einer realen wie einer imaginären Kommunikation und besteht deshalb je nach Sichtweise aus *real-inauthentischen* oder aus *imaginär-authentischen* Sätzen.[35]

Das Verhältnis des Erzählers zu der von ihm erzählten Welt kann zwei Seinszustände besetzen. Entweder ist er Bestandteil derselben und tritt als handelnde oder beobachtende Figur persönlich auf, oder er ist auf einer ontologisch zu trennenden Position außerhalb des fiktiven Handlungsraums zu situieren. Auf den Erzähltheoretiker Gérard Genette geht das Oppositionspaar *homodiegetischen* und *heterodiegetischen* Erzählens zurück, das die beschriebene Anwesenheit bzw. Abwesenheit der Erzählinstanz in der fiktiver Welt bezeichnet.[36]

---

35 Martinez/Scheffel, S. 18. Vgl. dazu auch Zipfel, S. 121; Ryan, Possible Worlds, S. 76.

36 Vgl. Genette, S. 174 ff.

Homodiegetische Erzähler übernehmen eine mehr oder weniger zentrale Rolle im Handlungsgefüge.[37] Stanzel spricht in diesem Fall auch von einer *Ich-Erzählsituation*.[38] Der Ich-Erzähler kann wahlweise hinter den Erfahrungs- und Wissenshorizont seines vergangenen Ichs zurückzutreten oder kommentierend, analysierend und voraussagend sein gewesenes Ich zum Gegenstand der Betrachtung machen.[39] Er ist in beiden Fällen an die Subjektivität seiner vergangenen oder gegenwärtigen Wahrnehmung gebunden.

Heterodiegetischen Erzählern stehen dagegen theoretisch alle Informationen über die fiktive Welt zur Verfügung. Ihr Wissensspektrum wird nicht durch die Perspektivität eines Erlebenden eingeschränkt. Stanzel hat die Termini des *Er-Erzählers* und des *auktorialen Erzählers* geprägt. Beide Kategorien können dem heterodiegetischen Erzählen untergeordnet werden, insofern sie lediglich das Informationsvolumen des Erzählers skalieren. Er-Erzähler reduzieren ihr Wissen überwiegend auf die Erfahrungen, die *einer* Figur zugänglich sind, d. h. der Erzähler beschränkt sich auf deren Gedanken und Wahrnehmungsinhalte. Auktoriale Erzähler vermögen zwischen den Perspektiven mehrerer Figuren zu springen, außerfigurale Positionen einzunehmen und Zukünftiges vorherzusagen.

Die Literaturgeschichte hat unzählige Werke hervorgebracht, die bewusst die Grenzen der beiden skizzierten Typen homo- und heterodiegetischen Erzählens destruieren. Der spielerisch-ironische Umgang mit Rezeptionserwartungen stellt die etablierten Grundformen jedoch nicht in Frage, sondern nimmt im Gegenteil ihre Wirkweise in den Fokus. Ein *auktorialer* Erzähler, dessen Kenntnisse sich nachträglich als falsch oder unglaubwürdig herausstellen, macht nicht die Kategorie selbst überflüssig, sondern zieht sein Unterhaltungspotential gerade aus den nicht eingelösten Erzählkonventionen.[40] Der heterodiegetische Erzähler in André Gides Roman *Die Falschmünzer* kennt die verborgenen Emotionen seiner Figuren und gibt durch Anmerkungen wiederholt zu verstehen, dass er um den weiteren Handlungsverlauf weiß. Umso irritierender ist es, wenn er an einer Textstelle plötzlich den Ah-

---

37　Vgl. dazu Lanser, S. 160. Lanser stellt eine Skala der Involviertheit des homodiegetischen Erzählers auf.
38　Vgl. Stanzel, S. 79.

39　Vgl. dazu auch Cohen und Petersen.
40　Vgl. zum unglaubwürdigen Erzählen im Roman Nünning, Unreliable narration.

nungslosen und Unwissenden vorgibt. Darüber hinaus wechseln sich die Tempusformen Präteritum und Präsens ab, so dass der Eindruck des gleichzeitigen Erzählens ohne zeitliche Verzögerung entsteht.

Neugierig wäre ich gewesen, zu erfahren, was Antoine seiner Freundin, der Köchin, wohl erzählt haben mag; doch man kann nicht überall sein. Jetzt ist die Stunde da, wo Bernhard, der Verabredung gemäß, zu Olivier kommen soll. Ich weiß nicht genau, wo er heute abend gegessen hat und ob er überhaupt gegessen hat. Er ist ungehindert an der Portiersloge vorbeigekommen; nun schleicht er verstohlen die Treppe hinauf ... .[41]

Der Funktionsradius des Erzählers umfasst vier große Bereiche. Die *erzähltechnische Funktion* beschreibt die agierenden Figuren in ihrem raum-zeitlichen Kontinuum. Der Erzähler liefert die notwendigen Informationen, anhand derer die fiktive Welt rekonstruiert werden kann. Setting, Charaktere und Handlung werden wahlweise detailgetreu geschildert oder flüchtig skizziert. Die *vermittlungsbezogene* oder *selbstreflexive Funktion* rückt den Kommunikationsakt als solchen in den Mittelpunkt. Sie betrifft die Selbstdarstellung des Erzählers, die Beeinflussung des fiktiven Adressaten, die Aufrechterhaltung des kommunikativen Kontakts und die Reflexion über den sprachlichen Code. *Analytische Funktionen* beziehen erläuternd, kommentierend oder analysierend Stellung zu den erzählten Ereignissen und Figuren. *Synthetische Funktionen* äußern sich in Sentenzen und Allgemeinplätzen ohne erkennbaren inhaltlichen Bezug auf die Kommunikationssituation oder die Handlungsebene. Im Unterschied zum Roman vermögen Erzählgattungen wie der Comic und der Film nicht in vergleichbarer Absolutheit die erzähltechnische Funktion auszuschalten. Das Bildmaterial enthält grundsätzlich Informationen über die Beschaffenheit der erzählten Welt, wenngleich sie sich gegebenenfalls auf abstrakte Raumangaben reduzieren.

Die anteilige Zusammensetzung der vier Erzählerfunktionen liefert aufschlussreiche Informationen über den Gestus des Erzählwerkes. Dominieren vermittlungsbezogene, selbstreflexive und synthetische Funktionen, verliert die Geschichte selbst an Relevanz und dient vornehmlich als Sprungbrett in andere Diskurse. Der homodiegetische Erzähler *Tristram Shandy* des gleichnamigen Romans von Laurence Sterne stellt

---

41 Gide, S. 25.

sich zur Aufgabe, sein Leben von der Geburt bis zu seinem gegenwärtigen Zeitpunkt aufzuschreiben. Seine Selbstinszenierung als Autor, die Lenkung des potentiellen Lesers, die Aufrechterhaltung des Kontakts mit demselben, die metanarrativen Erörterungen über das Erzählen an sich und die Ergänzungen, Korrekturen und Beurteilungen des Geschehenen, dominieren die diegetische Geschichte. Tristram Shandy weist bereits zu Anfang seiner Notizen den Leser auf das zu Erwartende hin.

Sowie Sie weiter mit mir fortgehen, wird die kleine Bekanntschaft, die eben zwischen uns anfängt, zu einer Vertraulichkeit ausschlagen [...]. Deswegen also, mein lieber Freund und Gefährte, wenn Sie meinen sollten, ich ginge am Anfang meiner Erzählung ein wenig sparsam zu Werke, verzeihen Sie es mir, und lassen Sie mich meinen Weg gehen und meine Geschichte auf meine Weise erzählen. Oder sollte es scheinen, daß ich dann und wann auf meinem Weg ein bißchen tändelte oder auf ein paar Minuten, während wir weiterkommen, eine Kappe mit Schellen aufsetzte, so laufen Sie nur nicht gleich davon [...] und während wir so fortwackeln, lachen sie mit mir oder über mich, oder kurz, tun Sie, was Sie wollen. Nur ungeduldig dürfen Sie nicht werden.[42]

In der Mitte des Buches muss sich der Autobiograph eingestehen, dass sein engagiertes Schreibprojekt bisher noch nicht über den ersten Tag seines Lebens hinausgekommen ist. Zahlreiche Unterbrechungen des Handlungsverlaufs durch Reflexionen, Erörterungen, Leseransprachen usw. vergrößern die Zeitspannne zwischen seiner Geburt und seiner schreibenden Gegenwart. Das Bemühen, sein Leben in Worte zu fassen, entpuppt sich als ein unerschöpfliches und unendliches Vorhaben.

Ich bin in diesem Monat ein ganzes Jahr älter als heute vor zwölf Monaten, und da ich, wie Sie sehen, schon fast die Mitte meines vierten Bandes erreicht habe und noch nicht weiter als zum ersten Tag meines Lebens gekommen bin, so ist es klar, daß ich schon jetzt dreihundertvierundsechzig Tage mehr zu schreiben habe, als da ich zuerst begann [...].[43]

---

42 Sterne, S. 16.

43 Ebd., S. 293.

5.2 Kommunikationsstruktur

Die hierarchische Kommunikationsstruktur fiktionaler Erzähltexte besteht aus der werk*externen* Ebene des empirischen Autors und der werk*internen* Kommunikationssituation des fiktiven Erzählers. Gérard Genettes Bezeichnung *extradiegetisch* hat sich in der Erzählforschung durchgesetzt und benennt die Ebene der homo- oder heterodiegetischen Vermittlerinstanz. Die Existenz oder Nicht-Existenz der Erzählinstanz auf der Handlungsebene ist folglich für die Begriffsbildung ohne Belang. Auf der *intradiegetischen* Ebene verortet Genette Raum, Zeit und Personal der Geschichte. Selbstverständlich können auch Figuren der erzählten Welt als Erzähler fungieren. Alle weiteren eingebetteten Kommunikationsebenen gelten in Anlehnung an Mieke Bal als *hypodiegetisch*.[44]

Theoretisch kann eine Vielzahl von weiteren Erzählebenen ineinander verschachtelt werden. Mit steigender Komplexität der Ebenengestaltung nehmen die Anforderungen an die Rezeptionsleistung zu. Unübersichtliche Kommunikationsstrukturen können eventuell nicht mehr kohärent erschlossen werden. Analog zu der Einbettungstiefe können sich Erzählwerke auch horizontal ausdehnen. Mehrere Erzählerfiguren der intradiegetischen Ebene generieren Erzählungen, die auf dem Schaubild in Abb. 2 parallel angeordnet sind. Oder eine einzige Figur ist die Quelle paralleler Erzählungen. Ein berühmtes und viel zitiertes Beispiel sind die Geschichten der Scheherazade der persischen Märchensammlung *1001 Nacht*. Eine einzige Geschichte kann auf der anderen Seite auch von unterschiedlichen Figuren hervorgebracht werden, durch welche die Ereignisse fortgesetzt, ergänzt oder perspektivisch gebrochen werden.

---

44 Vgl. dazu Bal, The narrating and the focalization, S. 247; Bal, Notes of the narrative embedding, S. 53.

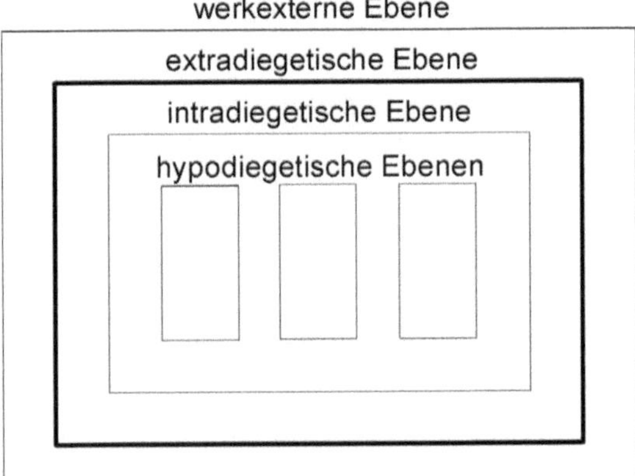

Abb. 2: Narrative Kommunikationsstruktur

Gegebenenfalls beginnt ein Roman auf der hypodiegetischen Ebene und erst im Verlauf der Lektüre wird die tatsächliche Kommunikationstiefe transparent. Aus der Abb. 2 können folglich keine verbindlichen Rückschlüsse über die Abfolge der dargestellten Ebenen im Einzelwerk abgeleitet werden.

Narrative Ebenen, sowohl hierarchisch als auch parallel angeordnete, können *alternierend* unterbrochen und wieder aufgenommen werden. Alternativ dazu reiht der *verkettete Aufbau* abgeschlossene Erzählungen aneinander. *Rahmende* Kommunikationssituationen bilden Anfang und Schluss eines Erzählwerks und fungieren formal gesehen als äußere Klammer.

Die quantitative Verteilung der Erzählebenen lässt Vermutungen über den semantischen Stellenwert im Gesamtgefüge zu. Eine dominante extradiegetische Ebene akzentuiert beispielsweise in erhöhtem Maße das *Wie* der Präsentation, während die Relevanz der Handlungsebene in den Hintergrund rückt. In dem angeführten Beispiel *1001 Nacht* liegt der Schwerpunkt auf den hypodiegetischen Geschichten der Scheherazade, während die intradiegetische Ebene in ihrer Funktion als Rahmenhandlung vornehmlich die eingebetteten Erzählungen bündelt.

Der Umfang, die Anordnung und die Verschachtelungstiefe und -breite hierarchischer und paralleler Ebenen markieren die wesentlichen formalen Merkmale. Postmoderne Romanciers haben sich die erzählstrategischen Gestaltungsoptionen der narrativen Kommunikationsstruktur vielfach zu Nutze gemacht, um Lesegewohnheiten und -erfahrungen zu verunsichern und kohärenzbildende Bemühungen zu unterwandern. Italo Calvinos Roman *Wenn ein Reisender in einer Winternacht* besteht aus insgesamt zehn parallelen hypodiegetischen Geschichten. Das Buch beginnt mit einer ironischen Selbstreferenz. Der homodiegetische Erzähler schickt sich an, »den neuen Roman *Wenn ein Reisender in einer Winternacht* von Italo Calvino zu lesen.«[45] Nach wenigen Seiten muss der Protagonist zu seinem Entsetzen feststellen, dass er einen Fehldruck in den Händen hält, dessen Seiten sich plötzlich wiederholen. »Dreißig Seiten hast du inzwischen gelesen, und die Geschichte beginnt dich gerade zu fesseln. Da stellst du auf einmal fest: ›Dieser Satz kommt mir doch bekannt vor.‹«[46] Der Erzähler macht sich auf die Suche nach der korrekten Fortsetzung des Romans und gerät darüber in ein labyrinthartiges Verwirrspiel immer neuer Romananfänge unterschiedlicher Genres.

5.2.1 Metalepse

Die *Metalepse*, Werner Wolf spricht auch von *narrativem Kurzschluss*[47], bündelt unter ihren Begriff regelwidrige Grenzüberschreitungen zwischen hierarchisch oder parallel angeordneten Kommunikationsebenen. Den erzähllogischen Ausgangspunkt bildet die Annahme autonomer Welten. Ein Erzähler vermag demnach die Ereignisse einer Geschichte nicht zu modifizieren. Er kann ihren Verlauf nicht beschleunigen, verlangsamen oder gar aufhalten. Umgekehrt können die Figuren der erzählten Geschichte nicht manipulativ in die Sphäre ihres Erzählers eingreifen. Das gilt selbstverständlich auch für die homodiegetische Erzählsituation, in der Erzähler und diegetische Figur in Personalunion zusammenfallen.

Metaleptische Erzählstrategien destruieren den Autonomiestatus der Kommunikationsebenen. Sie lassen sich spezifizieren anhand der betroffenen extra-, intra- oder hypodiegetischen Ebenen und der jeweili-

---

45 Calvino, S. 7.
46 Ebd., S. 31.

47 Vgl. dazu Wolf, Ästhetische Illusion und Illusionsdurchbrechung, S. 357 f.

gen Bewegungsrichtung einer übergeordneten Instanz in eine untergeordnete Welt oder umgekehrt. Ein extra- oder intradiegetischer Erzähler, der in die von ihm vermittelte diegetische Welt eingreift, wird in Anlehnung an William Nelles terminologischer Differenzierung als *intrametaleptic* bezeichnet. Eine entgegengesetzte Überschreitung, beispielsweise einer diegetischen Figur in die übergeordnete Welt des extradiegetischen Erzählers, subsumiert Nelles unter dem Begriff *extrametaleptic*. Narrative Kurzschlüsse zwischen gleichgeordneten, d. h. parallelen Kommunikationssituationen, sollen in Erweiterung des Analyseinstrumentariums als *parataktische Metalepsen* definiert werden.

Ein weiteres Unterscheidungsmerkmal metaleptischer Erzählstrategien betrifft die Ausdrucksform des Grenzverstoßes. Figuren, die sich als fiktives Produkt eines Erzählvorgangs begreifen, überschreiten die erzähllogische Grenze als Resultat eines Erkenntnisprozesses. Nelles spricht in diesem Fall von *epistemological metalepsis*. Greifen Figuren oder Erzähler physikalisch in die unter- bzw. übergeordnete Welt ein, indem sie beispielsweise als Akteure den Handlungsverlauf beeinflussen, liegt eine *ontological metalepsis* vor. Flann O'Briens Roman *At Swim-two-Birds* funktioniert auf der Basis beständiger metaleptischer Überschreitungen. Ein hypodiegetischer Schriftsteller verliebt sich in eine seiner erfundenen weiblichen Protagonistinnen und zeugt mit ihr in einem gewalttätigen Übergriff einen Sohn. Derweil lehnen sich die anderen Figuren des Romans gegen ihren Erzeuger auf. Ihre Erzählung gefällt ihnen nicht, und sie versuchen den Schriftsteller mit Drogen in den Schlaf zu zwingen, um dann seiner Allmacht entfliehen zu können. Das illusionsstörende Potential der Metalepse findet sich in vielen Werken der postmodernen Erzählkunst wieder.

5.3 Zeitdimensionen

Der Zeitpunkt des Erzählens im Verhältnis zu dem Erzählten wird unweigerlich durch die Wahl des Tempus transparent. Drei mögliche Zeitrelationen zwischen dem Narrationsakt und dem Erzählinhalt können umgesetzt werden. Die Erzählung folgt *später, früher* oder *gleichzeitig*. Die nachträgliche oder spätere Schilderung der Ereignisse, markiert durch die Vergangenheitsform, ist die klassische und alltäglichste Erzählweise, wohingegen das frühere Erzählen im Futur eine Ausnahme bildet. Der Erzähler tritt hier in Funktion eines Propheten auf, und sagt die zu erwartenden zukünftigen Geschehnisse vorher. Die Gleichzeitigkeit von Vermittlung und Inhalt hebt die zeitliche Diskrepanz auf. Die Erzählung suggeriert die sofortige Präsentation der Ereignisse ohne zeitliche Verzögerung. Während die Gleichzeitigkeit im Roman eine von drei möglichen Erzählvariationen definiert, die in der Literaturgeschichte hinter der späteren Narration zurücktritt, stellt sie für die Erzählgattung Film die einzige mögliche Realisierungsform dar.[48]

Der zeitliche Abstand zwischen dem Erzähl- und dem Handlungsvorgang beschreibt lediglich einen Aspekt der zum Tragen kommenden Zeitbezüge im Roman. Eine vollständige Analyse umfasst darüber hinaus die Kriterien der *Ordnung*, *Dauer* und *Frequenz*, die sich aus der doppelten Zeitachse von abstrakter Geschichte und Vermittlung ergeben.

Die Ereignisse der Geschichte können in ihrer ursprünglichen Ordnung, d.h. *chronologisch*, übermittelt werden. Alternativ dazu bietet die *Anachronie* die Option, die Reihenfolge der Ereignisse zu reorganisieren. Eine Rückwendung durch eine *Analepse* springt zurück in eine vergangene Zeit, eine Vorschau in Form einen *Prolepse* hingegen greift den Ereignissen vor und macht Andeutungen auf zu Erwartendes. Sowohl die Analepse als auch die Prolepse variieren jeweils in der Reichweite ihres Zeitsprungs in die Vergangenheit bzw. Zukunft, und dem Umfang, den sie im Verhältnis zum Gesamtwerk in Anspruch nehmen. Von einer *Achronie* wird gesprochen, wenn die Ordnung der Ereignisse nicht mehr rekonstruiert werden kann.

Während der Begriff der Ordnung die Ereignisfolge und deren mögliche Neuorganisation auf der Darstellungsebene spezifiziert, beschreibt die zeitliche Dauer das Verhältnis zwischen der *Erzählzeit* und der *erzählten Zeit*. Die Erzählzeit misst die Geschwindigkeit des narrativen Diskurses im Verhältnis zur zeitlichen Ausdehnung der Geschichte. Zeitdeckendes oder *isochrones* Erzählen, d.h. die gleich bleibende Geschwindigkeit beider Zeitebenen, erklärt Genette zum theoretischen Konstrukt. Selbst szenisches Erzählen in Figurendialogen oder -mono-

---

48 Siehe dazu Kap. 7.1.1. in diesem Buch.

logen basiert auf den unbestimmten Variablen der Sprechgeschwindigkeit der Akteure einerseits und der Rezeptionszeit des Lesers andererseits. Die direkte Rede nähert sich lediglich dem Ideal zeitdeckender Präsentation. *Anisochronien* liegen als vier narrative Tempi in Form der Zeitdehnung oder der Zeitraffung vor. Durch das *Summary* werden mehrerer Stunden, Tage, Monate oder Jahre verkürzend zusammengefasst. Die Erzählzeit rafft die Ereignisse auf das Format einer Kurzfassung. Die *Ellipse* nimmt einen Zeitsprung vor, ohne die Zeit dazwischen zu bündeln. Sie benennt maximal den vergangenen Zeitraum, z.B. *zwei Jahre später*. Die *Szene* nähert sich, wie bereits ausgeführt, dem zeitdeckenden Erzählen. In der *Pause* tritt die Handlung der erzählten Welt in den Hintergrund zu Gunsten selbstreflexiver, analytischer oder synthetischer Erzählerfunktionen.

Die Frequenz bemisst die Häufigkeit, mit der ein Ereignis erzählt wird. Genette stellt vier mögliche Relationstypen auf.[49] *Singulatives Erzählen* benennt einmal, was einmal passiert ist. Ein Ereignis kann auch wiederholt thematisiert werden (*n-mal erzählen, was einmal passiert ist*). Sich regelmäßig wiederholende Ereignisse, wie beispielsweise das abendliche zu Bett gehen, kann gleichermaßen oft erzählt werden (*n-mal erzählen, was n-mal passiert ist*). *Iteratives Erzählen* beinhaltet das einmalige Erzählen von dem, was wiederholt passiert ist. Es fungiert demnach als zeitraffende Erzählweise.

5.4 Raumdimensionen

Auf Grund einer Dissymmetrie, deren tiefere Gründe für uns im verborgenen liegen, die aber den Strukturen der Sprache eingeschrieben ist [...] kann ich ohne weiteres eine Geschichte erzählen, ohne genau anzugeben, an welchem Ort sie spielt und ob dieser Ort mehr oder weniger weit von dem Ort entfernt ist, wo ich sie erzähle, während es mir so gut wie unmöglich ist, sie nicht zeitlich in bezug auf meinen narrativen Akt zu situieren [...].[50]

Das vorangestellte Zitat Gérard Genettes weist auf den medienspezifischen Umstand hin, dass die Zeitgestaltung zwangsläufig an die schriftsprachliche Ausdrucksform des Romans gebunden ist. Die Bestimmung des Ortes hingegen ist weder für die Entwicklung der Ge-

---

49 Vgl. dazu Genette, S. 81–114. 50 Genette, S. 153.

schichte noch für den Standort des Erzählers von innerer Notwendigkeit. Der Erzählprozess und der Verlauf der Handlung funktionieren theoretisch auch ohne räumliche Orientierung. Es handelt sich hierbei um eine mediengebundene Besonderheit, die den Roman von ikonischen Erzählgattungen, beispielsweise dem Comic oder dem Film, unterscheidet. Letztere können nicht umhin, ortsgebundene Informationen zu vermitteln. Die Bildelemente enthalten grundsätzlich Details über die materielle, und damit räumliche, Beschaffenheit der erzählten Welt. Selbst ein abstrakter Hintergrund enthält immerhin noch die reduzierten Raumangaben. Auch das optische Erscheinungsbild der Figuren und ihre Positionen im Raum sind unvermeidbare Bestandteile des Bildinhalts.

Neben dem Handlungsraum existiert der *Darstellungsraum* der Buchseite, der allerdings nur in experimentellen Erzählformen als Ausdrucksplattform involviert wird. Bryan S. Johnson teilt Abschnitte seines Romans *Albert Angelo* in Spalten auf, um den gesprochenen Dialog und die *gleichzeitig* dazu ablaufenden Gedankeninhalte des homodiegetischen Erzählers auch optisch kenntlich zu machen. Marc Saportas *Composition No. 1* besteht aus 100 losen Seiten, die von dem Leser gemischt und in beliebiger Reihenfolge gelesen werden können. Der Roman *Rayuela* von Julio Cortázar bietet die lineare Lektüre als *eine* Ordnungsform an. Darüber hinaus ermöglicht der Autor verschiedene alternative Lesepfade der insgesamt 155 Kapitel.[51] Durch die freie Textkombination verändert sich fortlaufend die Darstellungsebene, die dadurch bedeutungsgenerierende Funktion übernimmt.

5.5 Distanz

Die *Distanz* beschreibt den Grad der Mittelbarkeit oder auch *degree of perceptibility*, ein Ausdruck der auf Shlomith Rimmon-Kenan zurückgeht. Die Rede ist von der Erzählerpräsenz im Text, die wahlweise hinter den Figuren zurücktritt und als eigene Stimme kaum auszumachen ist oder im Gegenteil mit Kommentaren, Analysen und Bewertungen

---

51 Vgl. dazu in Kap. 9.1.1. die möglichen Textarchitekturen von Hyperfiktionen.

in den Vordergrund rückt. Verdeckte Erzähler fungieren als objektive Vermittlungsinstanzen, deren Funktion sich weitgehend auf die Generierung der raum-zeitlichen und personalen Deixis der fiktiven Welt beschränkt. Hinter einem dominanten Erzähler tritt die erzählte Welt mehr oder weniger stark zurück und dient lediglich als Impuls zu umfassenden Exkursen.

Der Distanzbegriff bemisst sich an dem Erzählen von Ereignissen und dem Erzählen von Worten. Die Forschungsliteratur zu dem Erzählen von Worten, insbesondere der erlebten Rede, ist umfangreich. Sie differenziert ihren Gegenstandsbereich weiter in gesprochene Worte und gedankliche Rede. Die Gliederung in *erzählte, transponierte* und *zitierte* Rede betrifft beide Ausdrucksformen, sowohl die geäußerten als auch die gedachten Worte.

Die *direkte Rede* und die *autonome direkte Rede* werden der zitierten Rede zugeordnet. Die direkte Rede stellt den Worten der Figuren eine Inquitformel an die Seite, d.h. Wendungen des Sagens in Kombination mit einem Doppelpunkt. Die autonome direkte Rede verzichtet auf diese Zuordnung der Sprechinstanzen. In der Gedankenrede wird eine vergleichbare Unterteilung in *Gedankenzitat* und *autonomen inneren Monolog* getroffen. Die Abstufung basiert auch hier auf der An- bzw. Abwesenheit einer expliziten Zuweisung der Gedanken. Bei der zitierten Rede verbirgt sich der Erzähler hinter den Äußerungen und Gedanken der Figuren, ohne durch Umformungen in Erscheinung zu treten. Er begrenzt sich auf die Wiederholung der Worte. In der Regel markieren Anführungszeichen die Rede- oder Gedankenwiedergabe.

In der transponierten Rede tritt der Erzähler deutlich in den Vordergrund. Die indirekte Rede, eine von zwei Varianten, verschiebt die ursprünglichen Worte der Figuren aus dem grammatischen Modus des Indikativ in den Konjunktiv. Die erste Person der Redeinstanz wird durch die dritte Person ersetzt. Die indirekte Rede wird darüber hinaus durch ein einleitendes Verb des Redens, Fühlens oder Denkens eingeleitet und durch ein Komma abgetrennt. Wenngleich der Erzähler den Wortlaut nicht verändert, so ist er doch als Sprechinstanz greifbar, der den individuellen Redestil der Figur durchdringt und dessen Inhalte komprimiert. Die *erlebte Rede* unterscheidet sich grammatikalisch von der indirekte Rede durch die Indikativform und den Verzicht auf ein einleitendes Verb. Nicht immer ist eindeutig zu klären, ob es sich um eine Stellungnahme des Erzählers oder um die Bewusstseinswiedergabe der Figur handelt. Der stilistische Zugewinn der erlebten Rede basiert auf diesem Mangel an Eindeutigkeit, dem Fluktuieren zwischen den Stimmen.

Die erzählte Rede umfasst die *Sprach-* und *Gedankenerwähnung* und den *Gesprächs-* und *Bewusstseinsbericht.* Im ersten Fall deutet der Erzähler nur an, dass ein Gespräch stattgefunden oder eine Figur sich Gedanken gemacht hat. Die Berichtsform paraphrasiert den Rede- oder Gedankeninhalt mit den Worten des Erzählers. Der ursprüngliche Wortlaut der Figuren tritt hinter dem summarischen Erzählen zurück. Die erzählte Rede setzt den höchsten Grad der Mittelbarkeit und damit der Distanz um.

Eine Analyse der Mittelbarkeit von geäußerten und gedachten Worten in der zitierten, transponierten und erzählten Rede findet auf der Satzebene statt. Erst eine dominante Verwendung einer der skizzierten Darstellungsweisen legt eine satzübergreifende Bedeutung für das Gesamtwerk nahe.

Im Vergleich zum Erzählen von Worten, speziell der autonomen direkten Rede bzw. dem autonomen inneren Monolog, vermag die Vermittlungsinstanz bei dem Erzählen von Ereignissen nie vollkommen hinter der fiktiven Welt zu verschwinden. Implizites Erzählen reduziert sich auf die Schilderung der objektiven Fakten der erzählten Welt. Den Wahrnehmungsperspektiven der Figuren wird der Vorrang eingeräumt. Explizite Erzähler drängen, im Kontrast dazu, mit ihren Ansichten, Bewertungen und Kommentaren in den Vordergrund. Die vermittlungsbezogenen, analytischen und synthetischen Erzählerfunktionen gewinnen an Relevanz.

5.6 Fokalisierung

Das Fokalisierungskonzept geht auf die erzähltheoretischen Untersuchungen Genettes zurück und liefert ein wesentliches Analysekriterium narrativer Medien. In den letzten zwei Jahrzehnten ist sein Ansatz gewinnbringend diskutiert, korrigiert und ergänzt worden. Der Narratologin Mieke Bal ist die systematische Überarbeitung des Genettschen

Modells und eine begriffliche Trennschärfe des komplexen Phänomens zu verdanken.

Die Fokalisierung fragt danach, welche Instanzen für den Wahrnehmungsinhalt verantwortlich sind. Durch wessen Sinnesorgane und durch wessen Gedankenleistung nimmt der Rezipient die fiktive Wirklichkeit wahr? Grundsätzlich können zwei Wahrnehmungszentren unterschieden werden: die *erzählergebundene* Fokalisierung und die *figurengebundene* Fokalisierung. *Externe Fokalisierung* referiert auf die Personalunion von Erzähler und Fokalisierungssubjekt. *Interne Fokalisierung* hingegen basiert auf der Wahrnehmung einer Figur. Begriffsunterscheidend ist der ontologische Status des fokalisierenden Subjekts als Akteur innerhalb des Handlungsgefüges oder als außenstehende vermittelnde Instanz. Diese Differenzierung lässt sich am Beispiel homodiegetischen Erzählens anschaulich machen. Der homodiegetische Erzähler in seiner »Zweidimensionalität ichhaften Erzählens« als erzählendes und erlebendes Ich ist Bestandteil der von ihm generierten Welt.[52] Dieses Faktum unterscheidet ihn von dem heterodiegetischen Erzähler. Doch nur als erlebendes Ich ist er körperlich im Handlungsverlauf präsent. Als fokalisierender Erzähler muss er demnach der externen Fokalisierung zugeordnet werden, als fokalisierender Akteur auf der Ebene der Geschichte gehört er der internen Fokalisierung an. Rimmon-Kenan unterstreicht, dass »external focalization can also occur in first person narratives, either when the temporal and psychological distance between narrator and character is minimal«.[53]

Die menschliche Wahrnehmung und das Wissen über die Welt sind grundsätzlich perspektivisch gebrochen, »when ever events are presented, they are always presented from within a certain vision«.[54] Eine Untersuchung der Fokalisierungsstruktur diskutiert folglich nicht, *ob* überhaupt perspektivisch erzählt wird, sondern welche Instanzen welche Fokalisierungsobjekte physisch, psychisch und kognitiv erfahren.

Ein Wechsel des Wahrnehmungszentrums kann zwischen Erzähler und Figur oder zwischen verschiedenen Figuren der diegetischen Ebene stattfinden. Nicht immer ist die Identität des Fokalisierungssubjekts eindeutig zu bestimmen. *Double focalization* nennt Bal die Fälle, »in

---

52 Vgl. Petersen, S. 56.
53 Rimmon-Kenan, S. 74.

54 Bal, Narratology, S. 142.

which EF [external focalizor] looks over the shoulder of CF [character focalizor] [...] which can be represented as EF1 + CF2«.[55] Monsieur Profitendieu, ein Akteur aus André Gides Roman *Die Falschmünzer,* erhält einen Brief seines Sohnes, worin er ihm in verletzenden Worten sein Verschwinden ankündigt, nachdem er erfahren musste, ein eheliches Kind zu sein. Der Erzähler verschwindet hinter den Gedanken seiner verzweifelten Figur. Oder handelt es sich sogar um die Überlegungen der Erzählinstanz selbst?

Monsieur Profitendieu sank in seinen Sessel. Er wollte nachdenken, aber die Gedanken wirbelten in seinem Kopf durcheinander. [...] Wenn doch seine Frau zurück wäre! Wie sollte er ihr das Geschehene nur mitteilen? Ihr den Brief zeigen? Er war ungerecht, dieser Brief, abscheulich ungerecht. Müßte man nicht empört sein über soviel Bosheit?[56]

Bei *ambiguous focalization* »it is hard to decide who focalizes: EF1/CF2«.[57] Die sich überlagernden Stimmen von Erzähler und Figur in der erlebten Rede unterstützen den von Bal beschriebenen Effekt unklarer Zuordnungen der Wahrnehmungs- und Gedankeninhalte.

Die quantitative Verteilung der Fokalisierungsinstanzen beeinflusst die Komplexität eines Erzählwerks. *Monofokale Fokalisierung* basiert auf den Wahrnehmungsleistungen einer Figur. Die *multifokale Fokalisierung* wird danach spezifiziert, ob mehrerer Wahrnehmungszentren verschiedene Objekte fokalisieren (*singulative multifokale Fokalisierung*) oder den gleichen Betrachtungsgegenstand perspektivisch brechen (*repetitive multifokale Fokalisierung*). Bei der repetitiven multifokalen Fokalisierung »können stets die gleichen Aspekte (*autotelisch*) oder jeweils andere (*alterotelisch*) im Zentrum stehen«.[58]

Bisher war vornehmlich von dem Fokalisierungs*subjekt* die Rede. Fokalisierungs*objekte* liegen in sinnlich wahrnehmbarer Materialität vor (*perceptible objects* nach Bal, *extrafigural* nach Pätzold), oder emotionale und kognitive Prozesse, wie Gedanken, Gefühle oder Träume, stehen im Zentrum der Fokalisierung (*non-perceptible objects* nach Bal, *intrafigural* nach Pätzold). Nieragden integriert die mögliche Selbstreferenz des Fokalisierungssubjekts in seine begriffliche Unterschei-

---

55 Ebd., 159f.
56 Gide, S. 19.
57 Bal, Narratology, S. 159f.

58 Nieragden, Who sees when ›I‹ speak?, S. 214.

dung. *Isoperzeptive Fokalisierung* beinhaltet die Identität zwischen fokalisierendem Subjekt und fokalisiertem Objekt, während die *exoperzeptiven Fokalisierung* ihren Betrachtungsschwerpunkt nach außen richtet.

Isoperzeptive Fokalisierung eines heterodiegetischen Erzählers schließt Nieragden aus, »as the narrator is outside the story and hence cannot focalize himself or herself«.[59] Dem muss entgegengehalten werden, dass auch ein (heterodiegetisch) fokalisierender Erzähler, der als personalisierbare Sprechinstanz auftritt, sich selbst durchaus zum Thema machen kann.

> Im Hinblick auf die fokalisierten Objekte muß [...] berücksichtigt werden, daß interne Fokalisierungsinstanzen nicht nur andere Figuren fokalisieren können, sondern auch ihre eigene Vergangenheit, ihre Gefühle oder ihre Bewußtseinsinhalte; diese Möglichkeit der Rückbezüglichkeit soll mit dem Terminus ›selbstreflexive Fokalisierung‹ erfaßt werden. Die Form der Fokalisierung ist nicht auf fokalisierende Figuren begrenzt, sondern kann auch bei externen Fokalisierungsinstanzen vorliegen.[60]

Die Vielzahl terminologischer Neologismen zur präzisen Analyse von Fokalisierungsstrukturen offenbart, dass es sich um ein umfassendes und vielschichtiges narratives Phänomen handelt. In allen weiteren noch zu diskutierenden narrativen Erscheinungsformen sind daher die möglichen Ausdrucksformen der Fokalisierung von zentraler Bedeutung.

5.7 Perspektivenstruktur

Der Fokalisierungsbegriff definiert das Wahrnehmungszentrum, seinen externen oder internen Standort, und das Objekt seiner sinnlichen oder mentalen Betrachtung. Die Perspektivenstruktur umfasst darüber hinaus die Kontrast- und Korrespondenzbeziehungen individueller Weltanschauungen. Die Gedanken, Ansichten und Handlungen reflektieren die Lebenswirklichkeit der Figuren und erzeugen ein vernetztes Werte-

59 Nieragden, Focalization and Narration, S. 694.

60 Nünning: Grundzüge eines kommunikationstheoretischen Modells, S. 59.

system. Das Wirklichkeitskonzept wird nach Pfister durch drei Einflussgrößen bestimmt. Neben der *Informiertheit* beeinflussen »die psychologische Disposition und die ideologische Orientierung« die individuellen Bedingungen der Wahrnehmung und Bewertung der Figuren.[61]

Auch die Erzählerperspektive unterliegt einem fiktiven Voraussetzungssystem, das durch »Wissen, Kenntnisse, Fähigkeiten, Bedürfnisse, Motivationen, Intentionen, Normen und Werte, sowie ökonomische, soziale, politische und kulturelle Bedingungen« bestimmt ist.[62] Die Erzählerperspektive, speziell einer heterodiegetischen Vermittlungsinstanz, konkretisiert sich im Fall eines personalisierbaren Erzählers. Die Perspektive eines verdeckten Erzählers hingegen bleibt ein theoretisches Konstrukt.

Die Selektion und Kombination aller Einzelperspektiven gestaltet die Perspektivenstruktur des Gesamtwerkes, d.h. die auf Gegensatz und Übereinstimmung beruhenden Relationsverhältnisse der Erzähler- und Figurenperspektiven.[63]

5.7.1 Multiperspektivität

Multiperspektivität, als Sonderform perspektivischen Erzählens, ist gebunden an das Zusammenwirken quantitativer und qualitativer Bedingungen. Die quantitative Vorgabe legt die Mindestzahl der Perspektiventräger fest. Die qualitative Maßgabe verlangt nach einem gemeinsamen Fokalisierungsobjekt der perspektivischen Brechung. Multiperspektivität basiert auf einer *repetitiven multifokalen Fokalisierung*, d.h. mehrere Wahrnehmungszentren konzentrieren sich auf einen *gemeinsamen* Gegenstand der Betrachtung.

(1) Erzählungen, in denen es zwei oder mehrere Erzählinstanzen auf der extradiegetischen und/oder der intradiegetischen Erzählebene gibt, die das-

---

61 Pfister, S. 90.
62 Nünning, Grundzüge eines kommunikationstheoretischen Modells, S. 75.
63 Nünning unterscheidet die paradigmatische Achse der Selektion von der syntagmatischen Achse der Kombination. Vgl. dazu Nünning, Multiperspektivität aus narratologischer Sicht, S. 54, 60; Nünning, Multiperspektivität. Lego oder Playmobil? (1999), S. 385, 388.

selbe Geschehen jeweils von ihrem Standpunkt aus unterschiedlich schildern;

(2) Erzählungen, in denen dasselbe Geschehen alternierend oder nacheinander aus der Sicht bzw. dem Blickwinkel von zwei oder mehreren Fokalisierungsinstanzen bzw. Reflektorfiguren wiedergeben wird;

(3) Erzählungen mit einer montage- bzw. collagehaften Erzählstruktur, bei der personale Perspektivierungen desselben Geschehens durch andere Textsorten ergänzt oder ersetzt werden.[64]

Nünning leitet die drei Grundtypen *multiperspektivisch erzählter* (1), *fokalisierter* (2) und *strukturierter* (3) Texte ab. In Anbetracht der Tatsache, dass die Erzählerinstanzen auch als Fokalisierungssubjekte fungieren, und um terminologischen Unklarheiten vorzubeugen, werden hier die ersten beiden Typen in *multiperspektivisch extern* und/oder *intern fokalisierte* Texte unbenannt.

Multiperspektivität kann homogene Betrachtungsweisen von Figuren und Erzählern zu einem kohärenten Gesamtbild vereinen oder aber, und darin besteht der Mehrwert perspektivischer Auffächerung, heterogene, eventuell unvereinbare, Standpunkte nebeneinander positionieren. Buschmann analysiert die Wirkung multiperspektivischen Erzählens auf den Rezeptionsspielraum des Lesers. Er kommt zu der Schlussfolgerung, dass nur im Fall der letztgenannten *offenen* oder *dialogischen Perspektivenstruktur* die Lektüre einen größeren Interpretationsspielraum zur Verfügung stellt, wohingegen die *geschlossene* oder *monologische Perspektivenstruktur*[65] geringere Rezeptionsleistungen verlangt.[66]

---

64 Nünning, Multiperspektivität. Lego oder Playmobil? (1999), S. 375.

65 Nach Nünning, Multiperspektivität. Lego oder Playmobil? (2000), S. 59.

66 Buschmann, S. 256–275.

5.8 Tabellarische Zusammenfassung

Erzählinstanzen	*Seinszustand*: homodiegetisch vs. heterodiegetisch *Funktionen*: erzähltechnische Fkt. 　　　　　　vermittlungsbezogene/selbstreflexive Fkt. 　　　　　　analytische Fkt. 　　　　　　synthetische Fkt.
Kommunika-tionsstruktur	*Ebenen*: extradiegetisch, intradiegetisch, hypodiegetisch *Anordnung*: alternierend, verkettet, rahmend *Verschachtelung*: hierarchisch, parallel *Störung (Metalepse)*: hierarchisch, parataktisch 　　　　　　　　intrametaleptisch, extrametaleptisch 　　　　　　　　ontologisch, epistemologisch
Zeitdimensionen	*Zeitrelation*: später, früher, gleichzeitig *Dauer*: Summary, Pause, Ellipse, Szene *Ordnung*: chronologisch, analeptisch, proleptisch *Frequenz*: singulatives Erzählen 　　　　　　n-mal, was n-mal passiert ist 　　　　　　n-mal, was einmal passiert ist 　　　　　　iteratives Erzählen (einmal, was n-mal)
Distanz	*Worte/Gedanken*: zitierte, transponierte u. erzählte Rede *Ereignisse*: explizites u. implizites Erzählen
Fokalisierung	*Ontologischer Status*: extern, intern *Fokalisierungsobjekt*: exoperzeptiv, isoperzeptiv 　　　　　　　　　extrafigural, intrafigural *Quantität*: monofokal, multifokal (singulativ od. repetitiv)
Multi-perspektivität	*Grundtypen*: intern, extern, strukturiert fokalisiert *Semantische Struktur*: offen bzw. dialogisch 　　　　　　　　　geschlossen bzw. monologisch

Tabelle 1: Erzähltechniken des Romans

6. Comic

Es existieren zahllose, oft unvereinbare, Definitionsansätze des Comics. Sie berufen sich entweder auf formale Aspekte, wie die Notwendigkeit von Text-Bild-Kombinationen oder grafischen Symbolen (z. B. die Sprechblase) oder beruhen auf inhaltlichen Voraussetzungen (z. B. Stereotypen in der Figurendarstellung). Teilweise wird die kommerzielle Vermarktung des Comics als Massenkommunikationsmittel als begriffsbildend gesetzt.

Das im Kontext dieser Untersuchung zu Grunde gelegte Comic-Verständnis basiert auf einer weiten Begriffsdefinition, die auch textlose Bildsequenzen, so genannte Pantomime-Comics, integriert. Die Einzelbilder, auch *Panels* genannt, sind in ihrer sequentiellen Anordnung definitionsrelevant. Die Verknüpfung von Texteinheiten in Form von Erzählerkommentaren oder Figurenrede bzw. Figurengedanken bleibt hingegen optional, wenngleich das »Wechselspiel der visuellen und verbalen Darstellungskomponenten« über ein erhebliches narratives Bedeutungspotential verfügt.[67]

Eine formale Definition liefert Scott McCloud, die durch ihre Integrationskraft vielgestaltiger Erscheinungsformen besticht.

Zu räumlichen Sequenzen angeordnete, bildliche oder andere Zeichen, die Informationen vermitteln und/oder eine ästhetische Wirkung beim Betrachter erzeugen sollen.[68]

Unter der spezifischen Fragestellung medialer Bedingungen des Narrativen muss McClouds Ansatz eingeengt werden auf die Vermittlung von Handlungsverläufen mittels »comic-spezifische[r] Erzählformen [...], die in anderen Kunstgattungen (Literatur, Film) gar nicht oder nur schlechter darzustellen sind«.[69]

---

67 Dolle-Weinkauff, Comic, S. 312.
68 McCloud, S. 17.
69 Schnurrer, S. 65. Comics haben nicht zwangsläufig narrativen Charakter. McClouds und Eisners theoretischen Einführungen in das Medium Comic

6.1 Schrift-Bild-Relationen

Über das Verknüpfungsprinzip von Schriftsprache und Bildmaterial im Medium Comic existieren in der theoretischen Debatte kontroverse Standpunkte. Radikale Vertreter entwerten die Qualität der narrativen Erscheinungsform als »notorisch vergebliche[n] [...] Versuch, zwei widerstreitende Formen der ästhetischen Zeitkonstitution zu versöhnen«.[70] Während statische Bilder Ereignisse in der Zeit auf einen simultan rezipierbaren Augenblick verdichten, verlangt der Text grundsätzlich nach einer sequentiellen Lektüre, die auch Handlungen und Geschehnisse betrifft, die sich gleichzeitig zutragen.

Das Auge kann nicht zugleich schauen und lesen – daran können auch Comics nichts ändern. Im Unterschied zu klassischen Künsten, passen sie ihr Programm nicht biologischen Fakten an. Dem Wunsch des betrachtenden Blicks nach Wahrnehmungsidentität begegnen sie vielmehr mit einer fortgesetzten Verweigerung.[71]
The word text and the pictorial text are continually deconstructing each other, allowing the reader no solid pattern or strategy with which to quiet the continual play between them.[72]

Schnackertz argumentiert, die Integration von Texteinheiten verursache eine Einschränkung der visuellen Polysemie und reduziere als Konsequenz daraus das bildbezogene Leistungsvermögen.

Sie verarmen das evokative Potential der Bildstruktur, indem sie durch ihre Formulierung eine Aufnahmemöglichkeit explizit favorisieren und damit den gesamten übrigen Bereich virtueller Sinnmomente abblenden.[73]

Textorientierte Ansätze unterstreichen die definitionsrelevante Bedeutung schriftsprachlicher Einheiten als das »primäre Ordnungsprinzip«.[74] Ohne die Bedeutsamkeit des Bildmaterials zu leugnen, erklärt Abbott »the subordination of the pictorial to the literary in comic art is one of the subtlest realities of the medium«.[75]

---

durch den Comic sind plakative Beispiel dafür.
70 Balzer/Dieck, S. 47.
71 Ebd.
72 Schmitt, S. 159.

73 Schnackertz, S. 45.
74 Dolle-Weinkauff, Das heimliche Regiment der Sprache im Comic, S. 70.
75 Abbott, S. 155.

Groensteen und Stocker positionieren sich genau entgegengesetzt und konstatieren »die Vorherrschaft des Bildes«.[76] Text spiele die Rolle einer optionalen Komponente, wohingegen das Bild als notwendiger Bestandteil unverzichtbar ist. In der Tat existieren hochwertige Comics, die unter Verzicht von Sprache ausschließlich pantomimisch erzählen.

Wiewohl statistisch stark in der Minderzahl, ziehen sich die stummen Comics durch die gesamte Geschichte der neunten Kunst, ungeachtet jeder Unterscheidung von Länge, Gattung, Medium. Aus diesem Grund meine ich, daß der Text eine kontingente, für die Verfertigung eines Comics keineswegs unverzichtbare Zutat ist.[77]

Peter Kupers pantomimische Comics liefern einen beeindruckenden Beleg für Groensteens These. In *Sticks and Stones* und *The System* integriert Kuper Sprache ausschließlich als Bestandteil der erzählten Welt in Form von Zeitungsschlagzeilen, Plakataufschriften oder Graffitis. Unter Verzicht auf Textpassagen in Form von Dialogen oder Erzählerkommentaren entwirft Kuper komplexe narrative Geschichten, deren Vielschichtigkeit keinen Vergleich scheuen muss.

Sehr viel differenzierter, unter Berücksichtigung gradueller Abweichungen, definieren Autoren wie Mitchell, Havas, Grünewald, Eisner und McCloud das Wechselverhältnis von Wort und Bild als funktionale Verknüpfung von Zeichensystemen mit unterschiedlichem Leistungspotential.

The real question to ask when confronted with these kinds of image-text relations is not ›what is the difference (or similarity) between the words and the images?‹ but ›what difference do the differences (and similarities) make?‹ That is, why does it matter how words and images are juxtaposed, blended, or separated?[78]
There is a different cognitive process between reading words and pictures. But in any event, the image and the dialogue give meaning to each other – a vital element in graphic storytelling.[79]

Gelungene Zeichenkombinationen entstehen, wo »Sprache und Bild ihrer jeweiligen Leistung gemäß erzählerisch funktional genutzt werden«.[80] McCloud unterscheidet sieben Relationsmöglichkeiten von

---

76 Stocker, S. 51.
77 Groensteen, S. 183.
78 Mitchell, S. 91.

79 Eisner, Graphic Storytelling, S. 59.
80 Grünewald, Kongruenz von Wort und Bild, S. 17.

Text und Bild. In *textlastigen* bzw. *bildlastigen Verbindungen* dominiert *ein* Zeichensystem und übernimmt vornehmlich die Generierung der erzählten Geschichte. *Zweisprachige* Panels vermitteln mit Wort *und* Bild den gleichen Inhalt ohne semantischen Zugewinn. *Additive Verbindungen* hingegen verstärken die Botschaft zu Gunsten einer gestützten Aussage und Wirkung. Als *korrelativ* bezeichnet McCloud Wort-Bild-Einheiten, die sich gegenseitig ergänzen und vervollständigen. Beziehen sich Bild und Text nicht aufeinander, z.B. wenn Text und Bild Bestandteil unterschiedlicher Zeitdimensionen, Handlungsorte oder Kommunikationsebenen sind, liegt eine *parallele Verbindung* vor.

Montagen integrieren Wörter in Form von Onomatopöien, d.h. Geräusch- und Lautwörter, in den Bildraum. Obgleich sie der Darstellungsebene angerechnet werden müssen, passen sie sich zum Teil wie Graffitis an die abgebildete Umgebung an.

Statt einen unüberwindbaren Dualismus zwischen den Zeichensystemen anzunehmen, beschreibt McCloud die möglichen heterogenen Funktionsrelationen, die aus der Verbindung von Schriftsprache und Bild hervorgehen können. Ein Ungleichgewicht zu Gunsten eines der beiden semiotischen Formen provoziert nicht zwangsläufig ein Defizit, sondern kann als narrative Chance begriffen werden. »Je mehr mit Worten gesagt wird, desto mehr Freiheit, sich zu entfalten, bleibt den Bildern, und umgekehrt.«[81]

Schrift im Medium Comic verfügt, im Unterschied zur Literatur, auch über gestalterische Mittel, um suprasegmentale Eigenschaften der Sprache wie Betonung, Lautstärke und Stimmungen auszudrücken. Fettdruck vermittelt beispielsweise die Betonung einzelner Wörter, durch Größe herausgehobene Wörter kennzeichnen lautes Reden oder Schreien, wohingegen im Vergleich kleingedruckte Wörter leises Sprechen oder Flüstern anzeigen. Zittrige Schrift deutet, in Abhängigkeit zur dargestellten Situation, auf Angst oder auf Frösteln hin.[82] Auch die Sprache funktioniert im Comic folglich als visueller Bedeutungsträger, der simultan *und* sequentiell wahrgenommen wird. »In Comics wird Schrift *auch* betrachtet, und Bilder werden *auch* gelesen. Dementspre-

---

81 McCloud, S. 163.

82 Vgl. dazu Havas, S. 18 ff.

chend eng fällt die Interaktion zwischen Schrift [...] und Bild oft aus. Beide gemeinsam konstituieren das *panel*. «[83]

6.1.1. Onomatopöien

Onomatopöien imitieren durch Klangmalerei Laute und Geräusche der Umwelt, »[j]ede Onomatopöie ist eine grobe Kopie der akustischen Realität«.[84] Sie funktionieren als sequentiell zu lesende Buchstabenfolgen einerseits und als visuelles Ausdruckselement andererseits. Die grafische Gestaltung betrifft nicht nur die Schrift, sondern auch die Platzierung im Bildraum, um die Quelle und die Richtung des Geräusches anzuzeigen.

Abb. 3: Rick Veitch: *Greyshirt.* 2002.

Havlik stellt in seinem *Lexikon der Onomatopöien* Gesetzmäßigkeiten auf den Ebenen der Buchstabenfolge und der grafischen Gestaltung zusammen, die in Verknüpfung miteinander verschiedene Funktionsweisen der Onomatopöien (Havlik spricht verkürzend von *Onpos*) beschreiben.

Trotz weitgehender Freiheit für die Schreibweise von Onpos hat sich auch bei ihnen ein eigener Regelapparat entwickelt, der zu Eigengesetzlichkeiten führt. Auf der einen Seite stehen Regeln, die die Buchstabenfolge betreffen, auf der

---

83 Schüwer, S. 210.   84 Havlik, S. 8.

anderen Seite solche, die mit der graphischen Gestaltung der Onpos und ihrer Integration ins Bild im Zusammenhang stehen. Beides kann unter dem Begriff ›Schreibweise‹ zusammengefaßt werden.[85]

6.1.2. Grafische Symbole

Comic-Zeichner haben in den letzten hundert Jahren eine Vielzahl von grafischen Symbolen entwickelt, um Nicht-Wahrnehmbares darzustellen. Sie veranschaulichen und verstärken auf der Präsentationsebene Phänomene der erzählten Welt ohne selber Bestandteil in ihr zu sein.

Differenziert werden muss zwischen Symbolen, die Nicht-Wahrnehmbares als Konsequenz der medialen Begrenzungen visualisieren, z. B. Sprechblasen zur Rede- und Gedankenpräsentation oder Aktionslinien bzw. Bewegungslinien als Indikatoren für Bewegung, und Symbolen, die nicht sichtbare Elemente der diegetischen Welt, vor allem Emotionen, auf der Darstellungsebene kenntlich machen. Das Herz beispielsweise dient als klassischer Ausdruck von Verliebtheit. Seine Präsentationsformen sind vielgestaltig. Wahlweise funkelt es in den Augen der entflammten Figur auf oder tritt in seiner Funktion als Organ und metaphorischer Sitz der Liebe buchstäblich aus derselben heraus. Herzen können überdies den Kopf des Liebenden umgeben oder sich in der Formgebung der Wolken wiederfinden. Blitze und Fäuste symbolisieren Wut and Kampfbereitschaft, eine Glühbirne verweist auf eine kluge Idee. Ein grafischer Einfall, der vor allem im Bereich der Funnies, d. h. Witz-Comics, Anwendung findet, ist der Hut, der in die Luft geht oder die Haare, die zu Berge stehen, um Erschrecken auszudrücken, »[s]o sind Kleidungsstücke oder Teile der Person manchmal an Geschehnissen mitbeteiligt, was oft vom Leser gar nicht bemerkt wird.«[86]

Bewegungslinien kompensieren die medialen Begrenzungen des statischen Bildes. Sie betreffen entweder die ganze Figur oder die bewegungsrelevanten Körperteile.[87] Auch unbelebte Gegenstände, wie ein fahrendes Auto oder ein fliegender Ball, werden mittels Aktionslinien als bewegte Gegenstände kenntlich gemacht.

---

85 Ebd., S. 16.
86 Havas, S. 16.

87 Siehe Kap. 6.2.1.2. in diesem Buch.

Zu den ältesten Symbolen der Comic-Sprache gehören die Sprech- und Denkblasen, um die laute Rede und den unhörbaren Gedanken zugänglich zu machen. Die Sprechblase in Form eines Ballons verweist mit ihrem Dorn auf die Redeinstanz. Durch die Gestaltung der Sprechblase kann die Lautstärke und der Tonfall der Rede ausgedrückt werden. Gestrichelte oder gepunktete Linien verweisen auf leises Sprechen oder Flüstern, gezackte Sprechblasen signalisieren hingegen Schreien und eine aggressive Tonlage, vergleichbar mit überdimensional großen Sprechblasen, die den Bildraum zu sprengen drohen. Sprechblasen können auch mit anderen ikonischen Symbolen kombiniert werden, z. B. der Eiszapfen als Hinweis auf frostige Stimmung. Denkblasen ähneln Wolken, die durch kleine runde oder ovale Blasen mit der denkenden Figur verbunden sind. Auch Denkblasen können mit weiteren Symbolen verknüpft werden, um den Inhalt der Gedanken zu unterstreichen und zu ergänzen.

Die Fülle ikonischer Symbole ist unerschöpflich und betrifft das ganze Spektrum nicht wahrnehmbarer oder nicht darstellbarer akustischer, physischer und psychischer Phänomene der erzählten Welt. Ihr Einsatz variiert in Abhängigkeit des zu Grunde liegenden Genres. Während Funnies vornehmlich über die Verwendung von grafischen Symbolen funktionieren, reduzieren realistische Erzählformen ihren Anteil auf ein Minimum.

Bildsymbole basieren auf internationalen Konventionen. Im Einzelfall lassen sie sich auf nationale kulturelle Kodierungen zurückführen, wie Susanne Phillipps in ihrer Forschungsarbeit zum japanischen Manga erörtert. »Zum Inventar der Manga-Spezifikatoren gehören auch Elemente, die in westlichen Comics nicht genutzt werden: Eine Blase an der Nase verdeutlicht, daß eine Figur schläft, Nasenbluten kennzeichnet sexuelle Erregung.«[88]

6.2 Zeitdimensionen

Die Gestaltung der Erzählzeit vollzieht sich auf drei Ebenen: dem Einzelbild (Panel), der Panelfolge und dem Seitenlayout. Die Abbildung ei-

---

88 Phillipps, S. 72.

nes eingefrorenen Augenblicks, vergleichbar einer Lichtbildaufnahme, ist eine Möglichkeit der Panelgestaltung. Einzelbilder vermögen darüber hinaus durch die Integration von Figurenrede und grafischen Symbolen Ereignisse von zeitlicher Dauer auf eine Momentaufnahme zu verdichten. Analog dazu präsentiert die Seite oder Doppelseite Vergangenheit, Gegenwart und Zukunft auf einer für den Rezipienten gleichzeitig wahrnehmbaren Fläche. Dem steht die Sequenzialität der Bildfolge als eigentliche Darstellungsplattform zeitlicher Dauer und Ordnung gegenüber. Simultanität (im Einzelbild und im Seitenlayout) und Sequenzialität (der Bildfolge) gehören gleichermaßen zu den comicspezifischen Präsentationsformen erzählter Zeit, deren Realisierungsmöglichkeiten sich durch einen vielgestaltigen Variationsreichtum auszeichnen.[89]

6.2.1. Einzelpanel

6.2.1.1. *Schriftsprache als Zeitindikator*

Im Vergleich zur Fotografie bildet das einzelne Comic-Bild nicht zwangsläufig isolierte Augenblicke ab, sondern synchronisiert Ereignisse mit unterschiedlicher zeitlicher Ausdehnung auf einen statischen Moment. Die visuelle Gleichzeitigkeit täuscht folglich über den zeitlichen Prozess erzählter Ereignisse hinweg. Die Illusion eines Zeitpunktes wird durch die Verwendung von Textelementen demontiert, deren Äußerung in Form von Sprech- oder Gedankenbeiträgen der Figuren einen in der Zeit stattfindenden Vorgang beschreibt. Speziell bei Panels mit mehreren aneinander anschließenden Dialoganteilen wird die zeitliche Ausdehnung transparent. »Die Vorgänge scheinen sich alle zur selben Zeit abzuspielen, aber das kann nicht sein.«[90]

---

89 Vgl. dazu Grünewald, Comics, S. 28; Schüwer, S. 212.

90 McCloud, S. 104.

Abb. 4: Will Eisner: *Zum Herzen des Sturms,* S. 207.

Die Handlungsfolge ließe sich alternativ auch in fünf Einzelpanels darstellen, mittels derer die vier Gesprächsanteile und das Schellen der Haustür als zeitliche Abfolge kenntlich gemacht werden. Selbst für den Fall, dass alle Redebeiträge und das Schellen sich zeitgleich zutrügen, so bedarf doch die umfangreichere Figurenrede der vierten Sprechblase mehr Zeit und die Frage des Gastgebers geht den Antworten der Gäste logischerweise voraus.

Figurenrede verlangt also auf der werkexternen Ebene nach einer linearen Rezeption und signalisiert zugleich auf der werkinternen Ebene das Verstreichen erzählter Zeit.[91]

Zeitliche Dauer kann unterstützend durch die Mehrfachwiederholung von Buchstaben oder Buchstabengruppen ausgedrückt werden, wodurch beispielsweise ein lang gestreckter Ausruf *onomatopoesiert* wird.[92]

Hetero- oder homodiegetische Erzählerkommentare in Blockkästen gehören nicht der diegetischen Welt an. Sie umreißen auf der extradiegetischen Ebene die verstrichene Zeit (*Am nächsten Tag...*) oder stellen explizit Simultanität zwischen Handlungssträngen her (*Zur gleichen Zeit an einem anderen Ort ...*). Dem Erzähler stehen vergleichbar dem Roman alle Optionen zur Gestaltung zeitlicher Ordnung und Dauer zur Verfügung.

Geräuschwörter, deren grafische Gestaltung sich an dem Bewegungsverlauf einer Figur oder eines Gegenstands orientiert, entsprechen den

---

91 Vgl. dazu Abbott, S. 162.   92 Vgl. dazu Havlik, S. 17.

Funktionsweisen von Bewegungslinien und fungieren mithin als Zeitindikatoren.

Der Ort, an dem sich ein Onpo im Bild befindet, ist i.a. mit dem Ort des Lautes oder Geräusches identisch. Das geht so weit, daß die Onpo in Gestalt (Länge) und Richtung dem Laut oder Geräusch in Dauer und Richtung angepaßt ist, daß z. B. eine Onpo der Bahn eines sich bewegenden Gegenstandes folgt.[93]

6.2.1.2. Bewegungs- und Fließlinien

Neben den Figurendialogen markieren die Bewegungslinien das deutlichste Signal von Zeitlichkeit innerhalb des Einzelpanels. Sie basieren auf dem Funktionsprinzip konventionalisierter grafischer Symbole, die vornehmlich der Darstellungsebene zugerechnet werden müssen, d. h. keinem diegetischen Phänomen entsprechen (im Unterschied zu einer Staubwolke hinter einem Auto oder dem Wellenschlag einer Bootes, die als Indizien von Bewegung in der erzählten Welt fungieren).[94]

Typisch für die comic-eigene Bildlichkeit ist besonders die Bewegungslinie. Sie verdichtet verschiedene Zeitpunkte, in denen die Ansicht eines Körpers sich wandelt. [...] Die – ob sichtbar, ob unsichtbar – eingeschriebenen Zeitverläufe muß er als verdichtete Bild-Geschichten zu lesen verstehen.[95]

Hervorhebungen einzelner Körperteile durch Bewegungslinien, z. B. das im Lauf angehobene Knie oder die zum Schlag ausholende Faust, bezeichnet Schüwer als *analytisch*, im Gegensatz zu *synthetischen* Bewegungslinien, die sich auf den Gesamtkörper beziehen.[96] Analytische Bewegungslinien werden verstärkt durch Detailaufnahmen dominanter Bewegungselemente. Synthetische Bewegungslinien rücken den Betrachter mittels einer Totalen oder Halbtotalen in größere Distanz zu dem dynamischen Körper und integrieren den Handlungsraum stärker.[97] In beiden Fällen kann es sich auch um unbelebte Gegenstände handeln, z. B. um das Rad eines Autos im Vergleich zur Darstellung des vollständigen Fahrzeuges. Die Bewegungslinien markieren darüber hi-

---

93 Ebd., S. 21.
94 Vgl. dazu McCloud, S. 32 ff.
95 Balzer /Dieck, S. 49.

96 Schüwer, S. 189 f.
97 Siehe Kap. 6.3.1.2. in diesem Buch.

naus die Richtung des bewegten Objekts und die Art der Bewegung, z. B. geradlinig oder wankend, schnell oder langsam.

Bewegungslinien entsprechen dem Blick von außen auf das in Aktion befindliche Objekt. *Subjektive Bewegungen*[98] oder *Fließlinien*[99] beschreiben hingegen das Vorbeiziehen der Landschaft aus der Bewegung heraus. Die Umgebung erscheint unscharf und flüchtig. »Aus einem Blick *auf* die Bewegung wird so ein Blick *aus* der Bewegung.«[100] Fließlinien können gegebenenfalls den optischen Eindrücken einer Figur zugeschrieben werden, und sind in diesem Fall kein Bestandteil der Darstellungsebene, sondern entsprechen dem Wahrnehmungsinhalt einer Figur.

6.2.1.3. *Phasendarstellung*

Phasendarstellungen vervielfältigen die bewegte Figur, einzelne Körperteile oder mit ihr in Verbindung stehende Objekte innerhalb eines Einzelpanels. Einige Stationen der Bewegung werden fixiert und dem Betrachter gleichzeitig vermittelt. Jason Lutes zeichnet in seinem Comic *Berlin* durch die miteinander verbundenen Sprechblasen die Bewegungsrichtung einer Figur durch den Raum nach (Abb. 5).

Peter Kuper veranschaulicht durch die Darstellung beider Gesichtsprofile die hektische Kopfbewegung der Figur (Abb. 6). Die Verdopplung der Seitenansicht wir durch die parallele Bildkomposition und Motivwahl wieder aufgegriffen.

In *Peter Pan* setzt Régis Loisel die Lebhaftigkeit und Wendigkeit der kleinen Elfe um, indem er ihre wild gestikulierenden Arme und Hände multipliziert.[101]

Simultan-Panels beinhalten mehrere aufeinander folgende Szenen oder parallele Handlungsstränge innerhalb eines großformatigen Einzelbildes. Raum-zeitliche Begrenzungen werden überwunden und erzeugen auf der Panelebene ein vergleichbares Resultat wie das Kombinationsprinzip des Seitenlayouts: den Anschein von Gleichzeitigkeit des Ungleichzeitigen.

---

98 Vgl. dazu McCloud, S. 122.   100 Ebd.
99 Vgl. dazu Schüwer, S. 190.   101 Loisel, S. 39.

Abb. 5: Jason Lutes: *Berlin*, S. 37.

Abb. 6: Peter Kuper: *The System*, S. 91.

6.2.1.4. Bewegter Körper

Die dynamische Körperpose als Bewegungsindikator basiert vornehmlich auf der Rezeptionsleistung des Betrachters, der in dem herausgehobenen Moment auch das Vorher und das Nachher erkennt und entsprechend seiner *Bewegungserfahrungen* einen Bewegungsablauf rekonstruiert.

Dynamik entsteht also aus der Abweichung von bekannten Formen, die Stabilität liefern (senkrecht gegen schräge Lage) oder Entspannung ([...] Armhaltung unten, Landung nach Absprung, Ausgangspunkt der Pfeilrichtung, Geradheit des gebogenen Knies). Vorerfahrung ist demnach also eine wesentliche Voraussetzung für die dynamisierende Wirkung von Formen.[102]

Die grafische Umsetzung bewegungsindizierender Diagonalen und Winkel bildet die dynamische Körperpose ab, wohingegen die senkrechte und entspannte Körperhaltung eine Ruhephase suggeriert. Spe-

---

[102] Ennenbach, S. 225.

ziell der sich im Bewegungswechsel befindliche Körper provoziert die Einfühlung in den Aktionshöhepunkt. Der dynamische Wendepunkt, beispielsweise zwischen dem Ausholen und Schlagen eines Balles oder dem Abstoßen zum Sprung, provoziert im Vergleich zu Zwischenbewegungen am Wirksamsten die Vorstellung in die Bewegung.[103]

6.2.1.5. Overlapping dialogues

Bild- und Texteinheiten referieren nicht zwangsläufig auf den gleichen Zeitabschnitt. Der Bildinhalt kann die diegetische Gegenwart, Vergangenheit oder Zukunft abbilden. Die *Figurenrede aus dem Off* verhält sich dazu entweder analeptisch, proleptisch oder gleichzeitig (als Bestandteil der Gegenwart eines anderen Handlungsstrangs). Ein Darstellungsmittel, das häufig als gleitender Übergang zwischen raum-zeitlich distanzierten Situationen verwendet wird. Alan Moore nennt dieses von ihm häufig verwendete Kombinationsverfahren *overlapping dialogue*[104]. Text- und Bildmaterial eines Panels referieren nicht auf die gleiche Situation, sondern lassen sich entweder unterschiedlichen Zeitspannen, Handlungsorten oder Kommunikationsebenen zuschreiben.

Dramatische Ironie entsteht, wenn die Figurenrede nicht mit der Bildaussage übereinstimmt, der Leser z. B. über das Auseinanderfallen von Erinnerung und Realität wortwörtlich ins Bild gesetzt wird. Durch die Text-Bild-Kombination divergenter Zeiträume entsteht eine Simultanität von Ungleichzeitigem, wie sie bereits für das Simultan-Panel konstatiert wurde und als charakteristisches Merkmal von Comics in der Seitenstrukturierung wiederzufinden ist.

6.2.1.6. Panelgestaltung

Grafische Panelgestaltungen haben sich nicht als Konventionen etabliert, können jedoch im Zusammenhang der erzählten Geschichte in

---

103 Siehe Abb. 7 (viertes Panel). Die Ausholbewegung des Armes befindet sich vor dem Bewegungswechsel zum Wurf.

104 Moore, Writing for Comics, S. 17. Moores Terminus overlapping dialogue entspricht McClouds parallelen Text-Bild-Verbindungen.

der Regel problemlos dekodiert werden. Die Form eines Panels besitzt keine kontextunabhängige Bedeutung, kann allerdings gezielt zur darstellerischen Unterstützung des Erzählten »as part of the non-verbal ›language‹ of sequential art« instrumentalisiert werden, z. B. zur Suggestion von Dauer.[105] McCloud demonstriert die Funktionsmöglichkeiten der Bildrahmengestaltung mittels der Panellänge. Er stellt zur Veranschaulichung zwei identische Bildinhalte, einen am Tisch sitzenden Mann, in unterschiedlicher Panellänge vergleichend gegenüber.

Die Form eines Panels kann unser Zeitempfinden beeinflussen. Dieses lange Panel hat zwar dieselbe ›Grundbedeutung‹ wie die kürzere Version, aber trotzdem bekommt man den Eindruck, dass es länger dauert.[106]

Die Panelgestaltung kann des Weiteren die zeitliche Ordnungsstruktur auf der Darstellungsebene unterstützen. Ein wellen- oder bogenförmiges Panel dient beispielsweise als Markierung zeitlicher Reorganisation der Ereignisse durch Rückblicke oder Vorausdeutungen.

6.2.2. Panelsequenz

Der Bewegungsablauf des Comics vollzieht sich zwischen den einzelnen Panels, den Zwischenräumen, Leerstellen oder *gutters* nach McCloud. Analog zu den Einzelbildern, die Bewegung nicht abbilden sondern nur mittels diverser Darstellungstechniken evozieren können, vollzieht sich auch die Rekonstruktion der Ereignisfolge einer Bildsequenz kraft der Induktionsleistungen des Rezipienten.[107]

Der Rhythmus, *timing* nach Eisner[108], einer in statischen Bildern erzählten Geschichte orientiert sich an den menschlichen Wahrnehmungsgewohnheiten und dem zeitlichen Abstand zwischen den Einzelbildern. Eine in mehreren Panels vermittelte Aktion, z. B. der Wurf eines Balls oder, noch kleinschrittiger, das Ausholen eines Armes zum Wurf, nimmt sich im Vergleich zu einer in wenigen Panels dargestellten Lebensspanne verhältnismäßig lang und folglich zeitdehnend aus. Der zeitliche Abstand zwischen den Panels kann wenige Sekunden betragen

105 Eisner, Comics and Sequential Arts, S. 44.
106 McCloud, S. 109.

107 Vgl. dazu McCloud, S. 68 ff.
108 Eisner, Comics and Sequential Art, S. 26.

oder Jahrhunderte überwinden und gestaltet entscheidend die dramaturgische Qualität eines Werkes.[109]

6.2.2.1. Dauer

Grünewald differenziert mögliche Zeitbezüge zwischen den einzelnen Panels unter dem Aspekt der *engen* und *weiten Bildfolge*.[110] Enge Bildfolgen beschreiben Handlungseinheiten zwischen denen die zeitliche Distanz gering ausfällt und kausale und chronologische Zusammenhänge schnell erschlossen werden können, wogegen Panels in weiten Bildfolgen vielmehr autonomen Status besitzen. Schäffner prägt die Termini *panelimmanenter* und *sequenzimmanenter disclosure*, um begrifflich zu unterscheiden, »wie sich die Verteilung von informativen Details auf die Sequenz zu ihrer Konzentration im Panel verhält«.[111] Die abgebildeten Handlungen *weiter Bildfolgen* bzw. *panelimmanenter disclosure* funktionieren über das Prinzip des *pregnant moment*.

A painting or photograph with narrative implications offers the perceiver an experience that is comparable to entering a narrative *in medias res*; we ask ourselves what has happened, what is about to occur, and where we are in the sequence of a narrative.[112]

McCloud trifft in seinem Buch *Comics richtig lesen* eine vergleichbare aber verfeinerte Unterscheidung der Zeitabstände in Panelsequenzen. *Von Augenblick zu Augenblick* beschreibt die Aufspaltung einer Handlungseinheit, z. B. dem Sprung über eine Hürde, in kleinschrittige Phasendarstellungen, so dass eine Aktion mehrere Panels im Sinne des zeitdehnenden Erzählens in Anspruch nimmt. In *Greyshirt* illustriert Rick Veitch die Ausholbewegung eines Armes zum Wurf einer Handgranate durch eine Folge von Panels (Abb. 7). Innerhalb der Panelsequenz ändern sich Einstellungsausschnitt, -perspektive, -größe und Achsenverhältnis. Die zeitdehnende Darstellung des herausgehobenen Moments

---

109 Vgl. Grünewald, Comics, S. 33; Schüwer, S. 192, Dammann, S. 91.
110 Grünewald, Comics, S 31 f.
111 Schäffner, S. 6. Vgl. zu der Thematik Kemp, S. 62–88.

112 Zitiert aus Ryan, Narrative across Media, S. 140.

in Kombination mit den zahlreichen Einstellungsmodifikationen setzten das zu erwartende Unglück spannungssteigernd in Szene.

Abb. 7: Rick Veitch: *Greyshirt.*

Eine fortgesetzte Bewegung lässt sich durch *split panels, Polyptychon* nach McCloud, realisieren. Die Handlungsumgebung wird auf mehrere Panels aufgeteilt und die Figuren bewegen sich »in jedem Bild sozusagen von links nach rechts vor dem Hintergrund«.[113] Die Darstellungstechnik des split panels ist verwandt mit der Phasendarstellung im Einzelbild, trennt hingegen die Bewegungsabschnitte durch die Panelbegrenzungen.

Von Handlung zu Handlung beinhaltet eine Folge abgeschlossener Aktionen. Die Kategorie *von Szene zu Szene* überbrückt große zeitliche Distanz, vergleichbar mit dem literarischen elliptischen Erzählen. McCloud subsumiert allerdings auch Szenenwechsel zwischen verschie-

---

113 Fuchs/Reitberger, S. 26.

denen Handlungssträngen unter diesem Begriff und mindert dadurch die Trennschärfe des Terminus.

Ein Ungleichgewicht von Erzählzeit und erzählter Zeit zu Gunsten der Ersteren folgt aus der Darstellung des Handlungsraums *von Gesichtspunkt zu Gesichtspunkt.* Sie entspricht einer Erzählpause.

Diese ruhigen, besinnlichen Kombinationen, die meist verwendet werden, um eine Stimmung oder die Atmosphäre eines Ortes zu vermitteln, scheinen den Lauf der Zeit anzuhalten. Selbst die sequentielle Form scheint hier – obwohl noch vorhanden – weit weniger Bedeutung zu haben als bei anderen Übergängen. Anstatt praktisch als Brücke zwischen verschiedenen Augenblicken zu agieren, muss der Leser hier einen einzigen Augenblick aus verstreuten Fragmenten zusammenfügen.[114]

6.2.2.2. Ordnung

Übergänge zwischen Augenblicken, Handlungen, Szenen und Gesichtspunkten referieren auf die zeitliche Dauer, d. h. auf das Verhältnis von Erzählzeit und erzählter Zeit. Die zeitliche Ordnung drückt sich hingegen in der Erzähl*reihenfolge* der Ereignisse aus. Rückblicke in die Vergangenheit und Vorausblicke in die Zukunft lassen sich auf der sprachlichen Ebene durch einen homo- oder heterodiegetischen Erzähler, durch Figurenrede oder vermittels Gedankenpräsentation realisieren. Das Bildmaterial bildet wahlweise vergangene, zukünftige oder gegenwärtige Ereignisse ab. *Overlapping dialogues* unterstützen einen fließenden Übergang zwischen den Zeitdimensionen. Die Simultanität von Ereignissen in unterschiedlichen Handlungssträngen lässt sich vergleichbar umsetzten. Das Darstellungsprinzip des overlapping dialogues erleichtert nicht nur die Kohärenzbemühungen des Rezipienten, sondern vermag darüber hinaus semantische Relationsbeziehungen zwischen den unterschiedlichen Zeitfenstern zu akzentuieren.

Die Reorganisation erzählter Zeit ist nicht notwendigerweise auf Sprache angewiesen. Die Großaufnahme eines Fotos beispielsweise kann als Übergang in einen anderen Zeitabschnitt fungieren. Einem Protagonisten aus Moores berühmtem Werk *Watchmen* wird ein Rohr-

---

114 McCloud, S. 87.

schachtest vorgelegt. Mittels einer grafischen Metamorphose nimmt das Tintenklecksbild in Folge schmerzhafter Kindheitserinnerungen die Konturen eines eng umschlungenen Liebespaares an (Abb. 8). Die inneren Bilder der Fokalisierungsinstanz überbrücken hier die vergangene Zeitspanne zurück in die Kindheit.

Abb. 8: Alan Moore: *Watchmen.* Kap. 6, S. 3.

Unterstützt durch Panelform, Zeichenstil, Farbgebung und Hintergrundgestaltung können rückblickende oder vorausdeutende Panelsequenzen optisch strukturiert werden. Die Schwarzweiß-Gestaltung zurückliegender Ereignisse beispielsweise hat sich als Erzählkonvention etabliert ohne als Aussage über die farbliche Beschaffenheit der erzählten Welt missverstanden zu werden.

Zeitsprünge in die Vergangenheit oder Zukunft können als abgeschlossene Einheit in die Erzählsituation eingebettet oder alternierend mit der Erzählgegenwart verwoben werden. Ein kleinschrittiger Wechsel zwischen den Zeitdimensionen auf der Bildebene provoziert die Bildung von Analogien und Differenzen. Kausalitätsbezüge zwischen den Zeitstationen werden unterstützt durch parallele Bildkompositionen und -elemente. Die vergleichbare Anordnung der Bildinhalte erhält bedeutungsgenerierende Funktion im Sinne wiederkehrender charakteristischer Muster und Strukturen innerhalb der erzählten Welt.

In *Watchmen* werden stellenweise vergangene und gegenwärtige Ereignisse alternierend abgebildet und ergänzend durch den overlapping dialogue miteinander in temporale und kausale Beziehung gesetzt.

For example, while two detectives investigate the apartment where the Comedian, a costumed adventurer, has been murdered, we are able both to hear about the murder through their dialogue and to see it through Gibbons' graphic illustrations of the crime that are spliced in-between the detectives' examination of the murder scene.[115]

6.2.3. Seitenstruktur

Ein medienspezifisches Gestaltungsprinzip des Comics resultiert aus der gleichzeitigen Präsentation des Ungleichzeitigen. Das räumliche Arrangement der Zeitfenster auf einer Seite (bzw. Doppelseite), die »graphisch-kompositorische Realisierung der [...] Sequenz«,[116] lässt Vergangenheit, Gegenwart und Zukunft durch den schweifenden Blick des Rezipienten miteinander verschmelzen. Während der linearen Lektüre der Bildfolge bleibt das Vergangene bestehen und kündigt sich das Zukünftige bereits an. Die Gegenwart der erzählten Geschichte steht somit unabwendbar in Wechselbeziehung mit seiner Herkunft und seinem Schicksal.[117]

Aber anders als in anderen Medien ist im Comic die Vergangenheit für den Leser mehr als nur eine Erinnerung und die Zukunft mehr als die Summe der Möglichkeiten! Vergangenheit und Zukunft sind real, sichtbar und allgegenwärtig! Was immer deine Augen fixieren, das ist Gegenwart. Aber zugleich nehmen die auch das andere Areal von Vergangenheit und Zukunft wahr![118]

---

115 Bernard/Carter
116 Dolle-Weinkauff, Comics, S. 330.
117 Vgl. dazu Schüwer, S. 202; Balzer/ Diek, S. 49; Eisner, Graphic storytelling, S. 41; Grünewald, Comics, S. 28.
118 McCloud, S. 112. Vgl. dazu Phil-

lipps. Phillipps analysiert sehr anschaulich die medienspezifische Verknüpfung von Simultanität und Chronologie am Bespiel des bekannten japanischen Manga-Zeichners Tezuka Osamus.

6.3 Raum und Körper

Den Raum- und Körperdarstellungen stehen im Comic, analog zu dem Phänomen der Zeit, die drei Präsentationsräume Panel, Panelsequenz und Seitenlayout zur Verfügung.

Auf der Panelebene dominieren der Blickwinkel des implizierten Betrachters oder der fokalisierenden Figur und die gewählte Einstellungsgröße. Die Panelsequenz ist ausschlaggebend für räumliche Anschlussverfahren und Übergangsformen zwischen unterschiedlichen Handlungsorten. Das Seitenlayout zitiert wahlweise Raumeigenschaften der erzählten Welt auf der zweidimensionalen Oberflächenebene der (Doppel-)Seite oder reduziert sich auf konventionelle Panelanordnungen ohne semantischen Zugewinn.

Grenzverstöße zwischen dem Handlungsraum und dem Präsentationsraum gehören zu den gängigen comicspezifischen Erzähltechniken, um Dominanz und Bedeutsamkeit in Bezug auf Raum- und Figureneigenschaften und Ereignisqualitäten auszudrücken.

6.3.1. Einzelpanel

6.3.1.1. Räumliche Tiefe

Zentralperspektivische Darstellungen gehen von einem statischen Betrachter aus, dessen Standpunkt im Fall der Einfluchtpunkt-Perspektive alle in die Tiefe weisenden Raumkanten mit einem Fluchtpunkt am Horizont, d. h. der Augenhöhe des Betrachters, verbindet. Fluchten die Kanten in zwei Punkten auf dem Horizont liegt eine Zweifluchtpunkt-Perspektive vor. Die Abbildung löst sich von dem eingeschränkten Sichtfeld eines unbeweglichen Wahrnehmungssubjekts zu Gunsten eines schweifenden Blickes. »Die *Zweifluchtpunkt-*Perspektive tendiert somit dazu, den Betrachter vom Bildraum stärker auszuschließen; sie führt zu einer distanzierteren Rezeptionshaltung.«[119]

Die Dreifluchtpunkt-Perspektive lenkt den Blick von der waagerechten Ausrichtung entweder in die Höhe oder die Tiefe. Im Fall der leich-

---

119 Schüwer, S. 195.

ten Untersicht liegt der Blick des Betrachters über dessen Augenhöhe, die leichte Obersicht hingegen verlegt den Betrachtungspunkt unterhalb des Horizonts.[120] Frosch- und Vogelperspektive bezeichnen als Extremformen die senkrecht nach oben bzw. nach unten weisenden Sehachsen. Die perspektivische Verschiebung dient der Orientierung im Raum und entspricht den alltäglichen Sehgewohnheiten.

Räumliche Tiefe wird ergänzend oder alternativ über Größe, Staffelung, Licht und Schatten, Kontrast und Farbe hergestellt. Werden Gegenstände oder Figuren unterschiedlich groß dargestellt, erscheint dem Betrachter das größere Objekt Bestandteil des Vordergrunds zu sein (Größenperspektive). Kleine Einstellungsgrößen, die den Akzent auf Teilaspekte des dargestellten Objekts legen, minimieren die Rauminformationen und damit zwangsläufig auch den Eindruck räumlicher Tiefe. Dinge, die von anderen Gegenständen teilweise verdeckt werden, wirken auf den Betrachter weiter weg (Staffelung). Im Zusammenspiel von Licht und Schatten erwachen die Objekte der Abbildung zum Leben. Die Illusion der räumlichen Tiefe lässt die Zweidimensionalität der Oberfläche vergessen. Unter Luftperspektive wird das Phänomen geringerer Kontraststärke und unscharfer Konturen entfernter Gegenstände verstanden. Scharfe Farbabgrenzungen mit starken Kontrasten wirken näher als verwischte grenzenlose Farbflächen. Die Farbperspektive holt Gegenstände durch warme Farben (Rot- und Gelbtöne) in den Vordergrund, wohingegen kalte und vor allem helle Töne den Eindruck der räumlichen Entfernung unterstreichen.

6.3.1.2. *Einstellungsgröße*

Die Bezeichnung Einstellungsgröße ist der Filmtheorie entlehnt und benennt »die Größe des Ausschnitts des in der Einstellung gezeigten Objekts«.[121] Auch in der Comic-Theorie kennzeichnet der Terminus den im Panel abgebildeten Ausschnitt eines Schauplatzes und der in ihm agierenden Figuren.[122] Weitaufnahmen und Totalen integrieren zu einem bedeutenden Maße Rauminformationen, die bei den kleinen

---

120 Vgl. dazu Dolle-Weinkauff, Comics, S. 331.
121 Faulstich, S. 113.

122 Vgl. dazu Dolle-Weinkauff, Comics, S. 327 f.

Einstellungsgrößen der Detail- und Großaufnahme keine Rolle spielen. Raumeigenschaften treten hier hinter Objekteigenschaften der Figuren oder der Gegenstände zurück.

Schüwer differenziert, unter Bezugnahme auf Erwin Panofskys Unterscheidungspaar *Systemraum* und *Aggregatraum*, zwischen Darstellungsformen, die den gesamten architektonischen Raum nebst der in ihm enthaltenden Körper, in seiner ganzheitlichen Struktur zur Anschauung bringen (Systemraum) und Raumentwürfen, deren Schwerpunkt auf der Betrachtung der Körper und ihrer Relationen untereinander liegt (Aggregatraum). Die Vollständigkeit des Systemraums ist gebunden an die großen Einstellungsgrößen der Totalen und der Weitaufnahme, die eine Orientierung im Handlungsraum unterstützen.

Im Comic wird der umfassende Systemraum häufig zu Anfang einer Sequenz eingeführt und später – insbesondere in dialog- oder aktionsorientierten Passagen – ausgeblendet bzw. durch eine einfarbige Hintergrundfläche ersetzt. Auch hier bleibt der Eindruck von Räumlichkeit erhalten, der sich nun vor allem von den Körpern der handelnden Figuren und von ihren räumlichen Beziehungen ableitet – von eben jenen Faktoren also, die auch für die Handlungen wichtig sind. So ist der Aggregatraum situationsbezogener, flexibler als der unbewegliche, quasi-mathematische Systemraum.[123]

6.3.1.3. Handlungs- und Darstellungsraum

Panels fungieren als Raumausschnitte, die in Relation zur Einstellungsgröße die Abbildung der Handlungsorte mehr oder weniger begrenzen. Dem Rezipienten präsentiert sich auch im Fall der Totalen oder Weitaufnahme nur ein Bruchteil der erzählten Welt. Sprechblasen aus dem Off erweitern die dargestellte Umgebung um einen für den Betrachter imaginären Raum. Eingeschobene Figurenrede, die einem anderen Handlungsstrang angehört (overlapping dialogue), überwindet die räumliche Distanz zweier unabhängiger Orte innerhalb eines Panels.

Die Bestimmung des Handlungsraums kann indirekt durch die Figurenrede oder explizit durch den Erzählerkommentar vermittelt werden.

---

123 Schüwer, S. 198.

Die Kennzeichnung eines Ortswechsels durch einen Erzähler birgt die Möglichkeit einer konkreten Bezeichnung der räumlichen Lage, z. B. *Berlin. Schopenhauerstraße 2a. In der Wohnung von Benno Scholz.* Alternativ kann die Abbildung von Straßen- und Klingelschildern dieselben Informationen vermitteln, ohne auf eine übergeordnete Instanz zurückzugreifen. Sie sind als schriftsprachliche Objekte Bestandteile der erzählten Welt und folglich den handelnden Figuren zugänglich.

Die visuelle Präsentation der Figurenrede ist Bestandteil der Darstellungsebene und im Gegensatz zu schriftsprachlichen Objekten der erzählten Welt, z. B. Briefen und Zeitungen, den Figuren nicht zugänglich. Auch die in den Bildraum eingelassenen Gedankenbeiträge der Figuren und extra- oder intradiegetische Erzählerkommentare bilden Elemente des Präsentationsraums. Darstellungsraum und diegetischer Raum überlagern sich folglich innerhalb des Einzelbildes.

Both narration and dialogue are recognized as extra-visual phenomena that may share space in the panel plane with the drawing but are not part of the scene. The visual assumption is that narration and dialogue lie on the plane of the opening through which one views the scene, augmentining the pictorial element but not part of it.[124]

Der Hintergrund definiert den Handlungsraum. In Abhängigkeit zur gewählten Einstellungsgröße und dem vorherrschenden Zeichenstil reicht das Gestaltungsspektrum von realistischen Detailbeschreibungen bis zu stilisierten oder abstrakten Darstellungstechniken. Reduziert sich die Hintergrundgestaltung auf Farb- und Formgebungen kommt der räumlichen Orientierung wenig oder keine Bedeutung zu.

Der Hintergrund hat nur die Funktion, eine Umgebung zu definieren und eine gewisse Stimmung zu erzeugen. Ist das erfolgt, kann er ruhig vernachlässigt werden. Deshalb ›lebt‹ ein Hintergrund im Comic fast immer, d. h. er ändert sich von Bild zu Bild. In Funnies ändern sich Tapeten und Bodenfarben [...] Bei Außenbildern ›wachsen‹ oder ›schrumpfen‹ Häuser und wechseln die Plätze. [...] Bei extremen Nahaufnahmen von Personen, die der Betonung einer Aussage dienen, kann der Hintergrund auch ersatzlos wegfallen. [...] Allerdings gibt es auch Comics, die sich um eine fotorealistische Hintergrundgestaltung bemühen, und in absolut *realen* Räumen spielen.[125]

---

124 Abbott, S. 156.

125 Havas, S. 17 f.

6.3.2. Panelsequenz

6.3.2.1. *Räumliche Kohärenz*

Räumliche Kohärenz innerhalb einer Panelfolge kann durch diverse Darstellungstechniken realisiert werden. Ein gängiges Verfahren beruht auf dem Inklusionsverhältnis zwischen den Einzelbildern. Teilausschnitte der Umgebung werden im Nachbarpanel wieder aufgegriffen und evozieren durch die Überlappung der Bildinhalte den räumlichen Anschluss. Wiederholungen von Akteuren und Umgebungsdaten sind ebenso unerlässlich, wie deren Wandel und Transformation. Das »Verhältnis von Redundanz und Innovation« markiert auch im Comic eine essentielle Mischung.[126]

Die partielle ikonische Iteration gehört zu den Zwängen, deren Identifizierung gelegentlich Schwierigkeiten macht. [...] Ist denn das, was in einer gezeichneten Sequenz Erzählen überhaupt begründet, nicht gerade die Tatsache, daß jedes Bild etwas vom vorausgegangenen bewahrt (somit die Kohärenz des Geschilderten, den ›roten Faden‹ gewährleistet) und zugleich einem Metamorphoseprozeß eingegliedert ist?[127]

Alternativ oder ergänzend zu den wiederkehren Elementen der Umgebung kann die Orientierung im Handlungsraum anhand bewegter Gegenstände, z. B. einem fahrenden Auto oder der Handlungssequenz einer Figur, z. B. das Durchschreiten einer Landschaft, gesichert werden. Eine Sonderform bildet die Erzähltechnik des *split panels*. In diesem Fall schließen sich die Einzelpanels zu einem überlappungsfreien Hintergrund zusammen, vor dem sich die Figur oder das Objekt bewegt.

Raumausschnitte können des Weiteren als Wahrnehmungsinhalt einer internen Fokalisierung zu einem Gesamtraum verbunden werden. Der Wechsel zwischen der fokalisierenden Figur, z. B. durch eine Detailaufnahme der Augen, und dem Objekt der Wahrnehmung stellt den räumlichen Zusammenhang her. Einen vergleichbaren Raumanschluss

---

126 Grünewald, Kongruenz von Wort und Bild, S. 30. Die Wiederholung als kohärenzbildendes Prinzip beruht nicht nur auf den Darstellungsinhalten, sondern auch auf Darstellungsweisen, um Kontrast- oder Korrespondenzbeziehungen zu evozieren. Parallelen in der Perspektive, Komposition, Einstellungsgröße und Farbgestaltung können über den Objektbereich des Bildes hinaus semantische Relationen aufzeigen.
127 Groensteen, S. 189.

gewährleistet der durch den Raum schweifende figurengebundene Blick durch die Sichtbegrenzung eines Fernglases oder einer Maske.[128]

Sequentielle Raumdarstellungen, die nicht von den Prinzipien der Überlappung, der Bewegungseinheit oder Fokalisierung getragen werden, sind zu einem stärkeren Maß auf die Induktionsfähigkeit des Rezipienten angewiesen. McClouds Kategorie *von Gesichtspunkt zu Gesichtspunkt*[129] kommt einer Erzählpause gleich, innerhalb derer atmosphärische Aspekte in den Vordergrund treten. Verschiedene Raumansichten mit unbestimmten Anschlussmöglichkeiten akzentuieren die Aufhebung räumlicher Geschlossenheit zu Gunsten fragmentarischer Offenheit.

Ortswechsel innerhalb eines Handlungsstrangs oder zwischen unterschiedlichen Handlungssträngen markieren einen Einschnitt im Erzählverlauf. Visuelle Gestaltungsmöglichkeiten glätten die Übergänge zu Gunsten eines fließenden ungestörten Fortgangs der Geschichte. Peter Kuper realisiert in seinem Meisterwerk *The System* die nahtlose Verbindung zwischen zahlreichen Handlungssträngen, und damit Handlungsorten, mittels der Wiederholung *gleichartiger* Gegenstände, z. B. des aktuellen Fernsehprogramms in zwei unterschiedlichen Wohnräumen. Über die räumliche Distanz hinaus wird durch das aktuelle Fernsehprogramm auch die zeitliche Relation der Gleichzeitigkeit hergestellt. Eine dominante Erzählstrategie, um Verbindungspunkte zwischen den diversen Handlungssträngen zu initiieren, besteht in dem Wechsel von Vordergrund und Hintergrund. Im Hintergrund kreuzt eine Figur den Bildraum, die im folgenden Panel als Vordergrundmotiv aufgegriffen und deren Spur bis zum nächsten Wechsel weiterverfolgt wird. Die Erzählung funktioniert vergleichbar einem Staffellauf, durch den sie neben den fließenden Verkettungen auch eine packende Dynamik erlangt.

Von hohem ästhetischem Wert sind Kupers grafischen Metamorphosen diegetischer Objekte, die zwei Handlungsorte miteinander verbinden, z. B. der schreiende Mund einer Figur formt sich zu einem U-Bahnschacht des anschließenden Panels (Abb. 9).

---

128 Vgl. dazu Abb. 10.

129 Vgl. dazu Kap. 6.2.2.1.

Abb. 9: Peter Kuper: *The System.* S. 33.

Eine weitere Erzählstrategie funktioniert über die Vergrößerung eines Bildgegenstands, bis sich derselbe auf eine abstrakte Farbe oder Form reduziert hat, um nach anschließender Vergrößerung des Bildausschnitts Attribut eines anderen Handlungsortes zu sein.

It's even possible to use color to change scene: the end of scene which has a lot of gunplay and bloodshed might end with a close-up of the bright red blood all over the white floor. The next panel might suddenly cut to a marketplace in Italy and present a close-up of a flower trader's stall with a vast profusion of red blossoms taking up most of the panel. In that instance, the simple continuity of the color red could probably be enough to carry the reader successfully over the transition.[130]

Analogien zwischen den dargestellten Situationen oder Ereignissen erleichtern den Ortswechsel. Zwei angrenzende Panels, die Figuren in

---

130 Moore: Writing for Comics, S. 17.

vergleichbaren Aktionen abbilden, erleichtern dem Rezeptionsvorgang, ungeachtet dessen es sich um einen neuen Raum mit verändertem Figurenpersonal handelt. Unterstützt wird der Ortsübergang durch Parallelen in der Bildkomposition.

Alan Moore nutzt den obligatorischen Seitenumbruch, um den Wechsel zwischen erzählten Lokalitäten auch auf der formalen Ebene zu unterstützen.

> One thing I tend to do which eases the transition and is sometimes all that's needed to accomplish a good transition is to write in basic units of a single page, so that the reader's action in turning the page becomes the beat in which I change scene without disturbing the rhythm of the story.[131]

Onomatopöien bewegen sich zwischen den Funktionsweise visueller und schriftsprachlicher Zeichen. Zum einen simulieren sie durch Worte Geräusche der erzählten Welt, zum anderen gewinnen sie durch ihre äußerliche Gestaltungsweise bedeutungsgenerierendes Potential. Erstrecken sich Onomatopöien über Panelgrenzen hinweg, können sie als Verbindungsglied zwischen räumlich getrennten Handlungsorten dienen, z. B. indem der Glockenklang einer Kirchturmuhr zwei getrennte Wohnungen miteinander in raum-zeitliche Beziehung setzt.

6.3.3. Seitenstruktur

Panelgröße und Panelform können die Eigenschaften des Handlungsraums spiegeln, z. B. kann die Weitläufigkeit einer Landschaft verhältnismäßig viel Darstellungsraum einnehmen im Verhältnis zu der Beengtheit einer Gefängniszelle, die entsprechend in einem kleinen Panel Platz findet. Die räumliche Ausdehnung der Panels im Verhältnis zum Gesamtlayout der Seite übernimmt in dem skizzierten Beispiel bedeutungsunterstützende Funktion. Die Anordnung und Gestaltung der Panels kann des Weiteren der abgebildeten räumlichen Architektur entsprechen, z. B. der Abstieg einer Kellertreppe wird auf der Ebene des Seitenlayouts nachgestellt, indem auch die Panels schräg untereinander angeordnet in die Tiefe führen zu scheinen. Die Bedingungen des die-

---

131 Ebd.

getischen Raums werden auf der Ebene der Layoutgestaltung aufgegriffen und umgesetzt. Handlungsraum und Präsentationsraum korrespondieren miteinander.

6.4 Fokalisierung

Die Wahrnehmungen, Erinnerungen, Phantasien und Halluzinationen einer Figur können im Comic als sichtbares Oberflächenphänomen in Erscheinung treten.

Die figurengebundene räumliche Perspektive kann innerhalb eines Einzelpanels durch die Umrisse einer Sehbeschränkung, z.B. ein Fernglas, ein Schlüsselloch oder eine Maske, kenntlich gemacht werden. Der Rezipient schaut scheinbar durch die Augen einer Figur auf das äußere Geschehen (Abb. 10).

Abb. 10: Frank Miller: *300.* 2006.

Im Rahmen einer Panelsequenz kann die Großaufnahme des Gesichts oder die Detailaufnahme der Augen als Indiz dafür gewertet werden, dass die Abbildung des angrenzenden Panels der Wahrnehmung der Figur entspricht. Unterstütz wird der Eindruck bei übereinstimmender Perspektivenwahl, d.h. den nach oben gerichteten Augen entspricht in dem folgenden Panel eine Froschperspektive. Es kann sich um eine objektive Wiedergabe oder um eine subjektive Einfärbung des Wahrnehmungsobjekts handeln. Alan Moore gelingt es in seinem herausragenden Comic *Watchmen,* die Diskrepanz zwischen der (fiktiven) Wirklichkeit und den krankhaften Wahrnehmungsinhalten der Fokalisierungsinstanz, die »Odyssee durch seinen eigenen Kopf«,[132] spannungssteigernd ins Bild zu setzen. Der Protagonist wird aufgefordert, ein Rohrschachbild zu beschreiben. Der Rezipient schaut durch die Augen des Protagonisten auf einen blutverströmten Hundekopf und erlangt Gewissheit über dessen psychische Disposition. Der Therapeut hingegen ist auf die Antwort seines Patienten angewiesen (Abb. 11).

Abb. 11: Alan Moore: *Watchmen.* Kap. 6, S. 1.

Der Darstellungsinhalt stellt sich gegebenenfalls erst im Verlauf der Geschichte als subjektiv gefärbte Wahrnehmungsverzerrung einer Fokalisierungsinstanz heraus. Bill Wattersons Comicstrips *Calvin and Hobbes* funktionieren über die Subjektivität kindlicher Phantasie, die den Stofftier-Tiger Hobbes in einen lebendigen abenteuerlustigen Weggefährten verwandelt. Nur wenn Erwachsene den Handlungsraum betreten, wird für den Rezipienten ersichtlich, was Hobbes in der (fiktiven) Realität darstellt: ein Spielzeug. Calvins interne Fokalisierung dominiert die Geschichten, im Vergleich zu der illusionsstörenden externen Fokalisierung im Sinne einer neutralen Kamera. Die Eltern sind »die letzte Barriere gegen Hobbes ›Fleischwerdung‹ weil sie ihn hartnäckigerweise nur als Stofftier akzeptieren wollen«.[133]

Eine Besonderheit, die der Comic mit dem Film teilt, resultiert aus der bildlichen Darstellung der Figuren. Im Gegensatz zum rein schrift-

---

132 Langhans, S. 3.

133 Fossati, S. 46.

basierten Roman, vermitteln Bildmedien notwendigerweise Informationen über die Optik der Figuren. Sie sind somit immer auch Fokalisierungs*objekt*. Das vollständige Zurücktreten der Figuren hinter ihren sinnlichen und mentalen Eindrücken ist nicht umsetzbar.

Unmittelbaren Zugang zu den Wahrnehmungsinhalten der fokalisierenden Figur erhält der Rezipient durch deren direkte Rede und Gedanken. Extradiegetische Erzähler reduzieren sich häufig auf die Herstellung raum-zeitlicher Zusammenhänge, ohne als Fokalisierungsinstanz in den Vordergrund zu treten.

6.5 Kommunikationsstruktur

Comics erlauben komplexe kommunikative Verschachtelungsstrukturen. Die Quellen weiterer Erzählebenen können vielgestaltig sein, z. B. ein Gespräch, ein Buch, eine Zeitung, eine Fernsehsendung oder ein Comic.[134]

Das Bildmaterial muss nicht notwendigerweise die eingebettete Geschichte abbilden, sondern kann weiterhin auf die Erzählgegenwart referieren, solange die Erzählung schriftsprachlich im Rahmen eines Gespräches realisiert wird. Zwecks illusionssteigernder Anschaulichkeit unterstützen in der Regel die Bilder die erzählte Geschichte. Alternierende Präsentationen der gegenwärtigen Erzählsituation und der erzählten Welt akzentuieren das hierarchische Einbettungsverhältnis der beiden Ebenen. Das räumliche Nebeneinander der Panels provoziert die Bildung von Kontrast- und Korrespondenzbeziehungen zwischen beiden Kommunikationsebenen. Entsprechungen in Motivwahl und Bildkomposition unterstützen den Eindruck von bedeutungstragenden Analogien zwischen beiden Welten.

Die Text-Bild-Montage des overlapping dialogues erzielt vergleichbare Effekte. In Alan Moores *Watchmen* liest ein kleiner Junge ein Horror-Comic, das in Auszügen abgebildet wird. Die Abbildung der hypodiegetischen Geschichte wird teilweise kombiniert mit Dialogfragmen-

---

134 In Art Spiegelmans Comic über den Holocaust *Maus* generiert ein Comic im Comic die neue Erzählebene.

ten der intradiegetischen Ebene. Die intradiegetische Ebene hingegen enthält Erzähleinheiten der untergeordneten Hypodiegese.[135] Durch die Kombination entstehen ironische Zweideutigkeiten, die semantische Parallelen zwischen der (fiktiven) realen Welt und der fiktiven eingebetteten Comicwelt forcieren.

Markierungen der integrierten Erzählung durch Panelformung, Farbgestaltung und Zeichenstil unterstützen die optische Strukturierung der Kommunikationsebenen.

6.5.1. Metalepse

Valerius, Titelgeber und Protagonist in Baltscheits und Schnalkes Comic *Valerius. Der Comic-Agent*, reflektiert während des gesamten Handlungsverlaufs seine Rolle als Comic-Figur und die medialen Bedingungen seiner Existenz. Während einer Taxifahrt richtet er sich mit folgendem Versprechen an den Fahrer: »20 $, wenn sie's in 19 Bildern schaffen.«[136] Die Begrüßung seines Auftraggebers fällt gleichermaßen kurios aus:

Valerius! Endlich! Ich warte schon seit 29 Bildern auf sie. Hier ist der Teufel los. Der Präsident steht Kopf. Rick Sucré, unser Star, soll auf den Index kommen. Zuviel Blut und Sex. Sie sind die letzte Rettung!!![137]

Im Verlauf der Geschichte entlarvt Valerius den nebulösen Rick Sucré als seinen eigenen Schöpfer, seinen Erfinder und Zeichner. Am Ende tritt der Comic-Zeichner als handelnde Figur in seinem eigenen Werk auf und destruiert die Grenze zwischen der extra- und intradiegetischen Ebene, die Valerius bis dahin nur sprachlich thematisiert hat.[138]

Valerius entzündet schließlich den Panelrahmen und mit dem Darstellungsraum verbrennt auch der diegetische Raum. Durch die entstandenen Brandlöcher entfliehen Valerius und seine Freunde ihrer

---

135 Vgl. Moore, Watchmen, Kap. 10, S. 13.

136 Baltscheit/Schnalke, Valerius. Der Comic-Agent, S. 2.

137 Ebd., S. 8.

138 Auch in dem zweiten Band *Valeri-* *us. Zeitlos* treffen Zeichner und Figur aufeinander. Die extrametaleptische Grenzüberschreitung findet hier in die hierarchisch übergeordnete Sphäre des Erzählers statt.

Welt. An anderer Stelle zerschneidet Valerius die Panelgrenze, um aus einer bedrohlichen Situation zu flüchten. Darstellungsform und Darstellungsinhalt scheinen sich notwendig zu bedingen. Die Beschaffenheit der Präsentationsebene gestaltet die Ereignisse und umgekehrt.

Das Comic-Archiv liefert zahlreiche Beispiele für den spielerisch-ironischen Umgang mit den eigenen medialen Bedingungen des Erzählens. Figuren, die nach den Sprechblasen greifen, als wären sie Objekte der erzählten Welt oder sich in ihrer Körperhaltung an die Panelgröße anpassen, wie eine Figur aus McCays *Little Nemo*.[139] Suzy Amakane persifliert in seinem pantomimischem Comic-Strip *Wangan Dog*[140] die Gestaltungskonvention der Größenperspektive, nach der Objekte im Vordergrund groß und im Hintergrund vergleichsweise klein dargestellt werden. Bei Amakane verändert die Darstellung räumlicher Tiefe die Fakten der diegetischen Welt. Ein Hund verschwindet in den Ästen eines Baumes und nimmt sich aus der Froschperspektive des Protagonisten winzig klein aus. Aus der räumlichen Entfernung wird im anschließenden Panel ein realer Größenunterschied und der Hund lässt sich in der Zwergenversion vom Baum pflücken.

Matt Feazell parodiert in seinem kurzen Comic-Strip *Der unglaubliche Mr. Spot*[141] die medienspezifische Gleichzeitigkeit des Ungleichzeitigen. Mr. Spot klaut mit Hilfe einer Angel seinem zukünftigen Ich, das im Restaurant seine Rechnung zahlen will, Geld aus der Börse, um Essen gehen zu können. Als er schließlich bezahlen will, verschwindet sein Geldschein, wie kann es anders sein, in den Händen seines vergangenen Ichs. Die Konvention der Lesereihenfolge von links nach rechts und die parallele Anordnung von Vergangenheit, Gegenwart und Zukunft werden hier geistreich aufs Korn genommen.

Ein gängiges Erzählverfahren, um Kraft, Gewalt und Dynamik anschaulich umzusetzen, besteht in der Destruktion der Panelbegrenzung. Der Panelrahmen wird regelrecht gesprengt, und die diegetische Welt dringt über die ontologische Grenze hinweg in die Darstellungsebene ein.

---

139 Vgl. McCay, S. 14.
140 Amakane, S. 25–32.

141 Abgebildet in McCloud, S. 113.

6.6 Tabellarische Zusammenfassung

Zeitdimensionen	Raumdimensionen
Panel* /*Dauer: Figurenrede Onomatopöien Bewegungslinien und Fließlinien Phasendarstellung bewegter Körper *Ordnung:* overlapping dialogue Panelgestaltung ***Panelsequenz* /*Dauer:*** Augenblick zu Augenblick Handlung zu Handlung Szene zu Szene Gesichtspunkt zu Gesichtspunkt *Ordnung:* Panelgestaltung, Zeichenstil Farbgebung ***Seitenlayout.*** Gleichzeitigkeit des Ungleichzeitigen	***Panel* /*Räumliche Tiefe*** Fluchtpunkt-Perspektiven Größenunterschiede Licht und Schatten Staffelung Kontrast Farbintensität *Raumerweiterung.* overlapping dialogue Figurenrede aus dem Off ***Panelsequenz*/*Kohärenz*** Überlappung von Bildinhalten Objektbewegung interne Fokalisierung ***Seitenlayout.*** Relation Handlungs- und Darstellungsraum

	Metalepse
	onotologische Metalepse: Überwindung des Handlungsraums Manipulation des Darstellungsraums

Tabelle 2: Erzähltechniken des Comics

7. Film

Der Film erzählt auf zwei Darstellungsebenen. Die *Einstellung* bezeichnet die kleinste Einheit im Film, die ohne Unterbrechung mit einer Kamera aufgenommen wird. Die Schnitte in Raum und Zeit werden dann durch die *Montage* organisiert und integriert. Bild- und Tonmaterial verbinden sich durch die Montagetechniken zu einem Gesamtwerk. Die notwendige Differenzierung zwischen den Einzelkomponenten und deren Ordnung lässt Parallelen zu den Präsentationsräumen *Panel* und *Panelsequenz* des Comics erkennen.

Während der Comic dem Prinzip der Gleichzeitigkeit verpflichtet ist, ersetzt im Film eine Einstellung die darauf folgende. Spezifische Techniken, wie der split screen, vermögen zwei oder mehr Einstellungen synchron zu schalten. Es handelt sich im Unterschied zum Comic allerdings nicht um eine genuine Darstellungsform der Erzählgattung Film.

Mit dem Begriff der *inneren Montage* wird der Tatsache Rechnung getragen, dass auch innerhalb einer Einstellung Veränderungen des Bildinhalts zum Tragen kommen. Durch Kameraschwenks und -fahrten verschiebt sich der sichtbare Ausschnitt des Handlungsraums und konstituiert neue *Aufmerksamkeitszentren*[142].

Einstellung und Montage werden zu Gunsten einer detaillierten Bestandsanalyse der Raum- und Zeitdimensionen gesondert betrachtet. Im Gesamtwerk bilden sie eine untrennbare Einheit, deren Funktionsradius im jeweiligen Einzelfall eruiert werden muss.

---

142 Schleicher, S. 33.

7.1 Zeitdimensionen

7.1.1. Einstellung

Während die Gleichzeitigkeit von Erzählung und Handlung im Roman eine von drei möglichen Erzählvariationen definiert, stellt sie für die Erzählgattung Film die einzige mögliche Realisierungsform dar. Im Roman kann alternativ zu der Präsentation im Präsens rückblickend im Präteritum oder vorausdeutend im Futur erzählt werden.[143] Die Abbildungen des Settings durch eine laufende Kamera hingegen sind immer an den gegenwärtigen Moment gebunden. Dem Betrachter steht immer die Gegenwart der Handlung vor Augen. Auch Manipulationen der zeitlichen Ordnung durch Analepsen und Prolepsen erscheinen durch das Bildmaterial in ihrer gegenwärtigen Unmittelbarkeit. Der Roman hingegen muss zwangsläufig eine Tempusänderung vornehmen, um die Zeitrelation transparent zu machen.

Die Kamera muß, solange sie läuft, Zeit und Raum mit den wahrgenommenen Objekten teilen, kann, solange sie läuft, Zeit und Raum nicht transzendieren, kann den Zeitfluß der Gegenwart nicht anhalten [...] so daß folglich alles, was sie erfaßt, nur im genuin dramatischen Modus des ›hic et nunc‹ erscheinen kann.[144]

Der Comic, der ebenfalls hauptsächlich über das Bildmaterial funktioniert, suggeriert eine Aneinanderreihung von gegenwärtigen Augenblicken, bzw. Momentaufnahmen, wenngleich durch Figurendialoge und grafische Bewegungsmarkierungen Vergangenheit, Gegenwart und Zukunft verschmelzen.

7.1.1.1. Dauer

Die Dauer einer filmischen Einstellung bezieht sich auf die *Geschwindigkeit* der Präsentationszeit. Bis auf einige erzähltechnische Ausnahmen dominiert in der Einstellung das szenische Erzählen. Die Erzählzeit und die erzählte Zeit verhalten sich zeitdeckend, d. h. die Kamera

---

143 Siehe dazu Kap. 5.3 in diesem Buch. 144 Lohmeier, S. 41.

bildet die Handlung in Echtzeit ab. Der Zuschauer erlebt die Kontinuität der Handlungszeit im gleichen Maße wie die beteiligten Figuren. Szenisches Erzählen bleibt im Roman ein hypothetisches Konstrukt, während es im Film eine medienspezifische Notwendigkeit ist.

Die Einstellungs*länge* variiert in Abhängigkeit dramaturgischer Absichten. Das Spektrum reicht von extremer Kürze zur Evokation von Dynamik und Spannung bis zu Experimentalfilmen, die lediglich aus einer Einstellung bestehen. Robert Altman eröffnet seinen Film *The Player* mit einer achtminütigen Einstellung. Alle für den Film wesentlichen Figuren treten innerhalb dieser Sequenz auf. Die bewegte Kamera nimmt abwechselnd andere Personen bzw. Personengruppen in den Fokus, die entweder Bestandteil des Hintergrunds bilden oder in den Bildraum hineintreten. Vergleichbar mit einem Staffellauf übergeben sich die Protagonisten das Zentrum der Aufmerksamkeit.[145] Innerhalb eines Figurendialogs dieser raffiniert konzipierten Einstellung wird selbstironisch die Bedeutung langer Einstellungen diskutiert.

Viele Filmtheoretiker erkennen in dem medialen Vermögen szenischen Erzählens die wesentliche Qualität der filmischen Einstellung. Darüber hinaus bestehen jedoch auch Möglichkeiten raffender und dehnender Zeitgestaltung.[146] Die Zeitlupe (*slow motion*) hebt einen Moment aus dem Handlungsgefüge heraus und bildet die verlangsamten Bewegungseinheiten ab. Der dynamische Prozess selbst rückt in den Mittelpunkt und lenkt das Interesse zwangsläufig auf eine Metaebene. Vergleichbar einer Pause fungiert das Standbild (*freeze moment*). Die Darstellung reduziert sich auf einen einzelnen erstarrten Moment, der beispielsweise von einer Off-Stimme kommentiert wird. Die visuelle diegetische Welt steht still, während die Informationsvergabe über den akustischen Kanal fortgesetzt werden kann. Konsequenterweise darf nur dann von einer Pause gesprochen werden, wenn sowohl auf dem visuellen wie auf dem akustischen Kanal die Ereignisse keine Fortsetzung finden. Der Erzähler beschränkt sich folglich auf Beschreibungen, Analysen und Kommentare.

---

145 Vgl. Kap. 6.3.2.1. in diesem Buch. Peter Kuper verwendet in seinem Comic *The System* ein vergleichbares Verfahren.

146 Vgl. dazu Bordwell, S. 195.

An example in Joseph Mankiewicz's *All about Eve:* at the moment that Eve [...] is offered a coveted theatrical award, the image freezes as her hand reaches out to receive it. Story-time stops, while the cynical drama critic [...], speaking as narrator off-screen, hints at the dark side of Eve's rise to frame and introduces the other principals seated around the banquet table.[147]

Im Unterschied zur Zeitlupe verkürzt der Zeitraffer (*fast motion*) die abgebildeten Ereignisse. An die Stelle des herausgehobenen Augenblicks tritt das Flüchtige und Schemenhafte der summarischen Darstellung. Die überbrückte Zeit kann wenige Minuten, einen Tag aber auch Monate umfassen. Je weniger Bilder pro Sekunde aufgenommen und bei konstanter Projektorgeschwindigkeit abgespielt werden, desto mehr beschleunigt die aufgezeichnete Bewegung. Proportional zu einer steigenden Bilderzahl verlangsamt sich dementsprechend das Gezeigte.[148]

Folgt die Kamera einem bewegten Objekt, legt dasselbe in der Regel den Maßstab für die Geschwindigkeit fest. Umkreist die Kamera hingegen ein bewegungsloses Objekt, z. B. das starre Gesicht eines Protagonisten, oder tastet umherschweifend unterschiedliche Objekte ab, erscheint die Präsentationszeit gedehnt und verlangsamt.

Eine entgegengesetzte Wirkung übernimmt die Kamerabewegung, wenn »der Pauseneffekt im Sinne einer Ellipsenmarkierung« verwandt wird.[149]

So überspringt in PROVIDENCE ein 360° – Panoramaschwenk etwa eine Stunde, in OBSESSION sogar volle 16 Jahre, während in DER STAND DER DINGE ein langer Aufsichtsschwenk auf der Morgendämmerung über Hollywood entgegen dem sich im Off ellipsefrei fortsetzenden Dialogton einen mehrstündigen Zeitsprung anzeigt.[150]

Zur Gestaltung der Erzählzeit lassen sich auch konventionalisierte Kodes anführen, mit deren Hilfe das Verstreichen von Zeit signalisiert werden kann. Veränderungen der Lichtintensität können beispielsweise den Wechsel von Tag und Nacht anzeigen.

Consider shot from Ozu's *Only So.* It is well past midnight, and we have just seen a family awake and talking; this shot shows a dim corner of the family's

---

147 Chatman, Story and Discourse, S. 75.

148 Vgl. dazu Bordwell, S. 160; Monaco, S. 87; Hickethier, S. 133.

149 Siegrist, S. 297.

150 Ebd.

apartment, with none of the characters onscreen [...]. But soon the light changes. The sun is rising. By the end of the shot it is morning.[151]

Eine Verfahrenstechnik des *unsichtbaren Schnitts* funktioniert über den Wandel der Einstellungsgrößen. Die Kamera nähert sich dem Gegenstand der Betrachtung bis auf Detailebene, um in der folgenden Einstellung den Bildausschnitt erneut zu vergrößern. Der Zeitsprung oder Ortswechsel wird durch ein neues oder verändertes Setting gekennzeichnet.[152] Während es sich hier um eine Montage zweier Einstellungen handelt, lässt sich das gleiche Prinzip auch innerhalb einer Einstellung realisieren. Hansmartin Siegrist beschreibt den notwendigen Drehaufwand anhand eines Beispiels aus Fritz Langs *The woman in the window*:

In hoffnungsloser Situation hat der ältere Professor eine Überdosis Schlafmittel genommen und dämmert in einem Lehnstuhl im Appartement seiner Geliebten dem Tod entgegen, ohne dass ihn das läutende Telefon aufwecken könnte. Die Kamera fährt – vermeintlich emphatisch – zur Nahaufnahme auf das Gesicht des Sterbenden zu, während der subjektive Ton der Telefonglocke langsam abgeblendet wird. Der enge Bildausschnitt und die korrelierende geringe Tiefenschärfe ermöglichen es Lang, in dieser Zeit die Studiobauten verändern zu lassen: Als die Kamera wieder zurückfährt, wacht der Professor in der vertrauten Umgebung seines Klubs auf, wo er eingenickt war und die Geschichte von sex and crime offensichtlich nur geträumt hatte.[153]

Statt der Grenzüberschreitung zwischen Traum und Wirklichkeit lassen sich mit Hilfe desselben Verfahrens Ordnungsstrukturen (z. B. durch eine Rückblende) und elliptische Zeitsprünge umsetzen.

Texttafeln, zu Stummfilmtagen ein vertrautes Darstellungsmittel, haben durch die Erfindung des Tonfilms an Bedeutung eingebüßt. Nichtsdestoweniger werden sie in Einzelfällen weiterhin verwandt, um Zeitsprünge und Zeitpunkte zu markieren.

---

151 Bordwell, S. 195.
152 Alan Moores bedient sich in seinem Kultcomic *Watchmen* vergleichbarer Verfahren. Siehe Kap. 6.3.2.1.

153 Siegrist, S. 175.

7.1.1.2. *Ordnung*

Die zeitliche (Re-)Organisation der Ereignisse wird im Wesentlichen durch die Montagetechnik realisiert. Vergangenheit, Gegenwart und Zukunft liegen als Einstellungsbausteine vor und können beliebig angeordnet werden. Innerhalb einer Einstellung jedoch dominiert der chronologische Ablauf der Handlung. Die Kamera ist gebunden an die Kontinuität von Raum und Zeit. Zeitsprünge können allerdings durch die entsprechende Gestaltung und Veränderung des Settings vermittelt werden. Als ein Zeitindikator auf der nichtdiegetischen Ebene fungieren Schwarz-Weiß-Einstellungen innerhalb eines Farbfilms. Eine Besonderheit filmischen Erzählens stellt die Rückwärtsprojektion (*reverse motion*) dar.[154] Bei diesem Zeitumkehrtrick läuft der Film entgegen der chronologischen Zeitachse. Auf die Kategorie der zeitlichen Ordnung übertragen findet mit jedem Bildwechsel ein analeptischer Sprung in die Vergangenheit statt.

Bild und Ton referieren nicht zwangsläufig auf den gleichen Zeitabschnitt. Die Kombination vergangener, gegenwärtiger und zukünftiger Zeitphasen durch die unterschiedlichen Zeichensysteme erlaubt die Gleichzeitigkeit des Ungleichzeitigen.

Analog zu der Dauer können auch Ordnungsstrukturen durch eingefügte Textelemente angezeigt werden.

7.1.2. Montage

7.1.2.1. *Dauer*

Durch die Montage werden die einzelnen Einstellungen aneinander gefügt. An den Schnittstellen entscheidet sich das zeitliche Verhältnis zwischen der erzählten Zeit und der Darstellungszeit. Die montierten Einstellungen können den Handlungsverlauf ohne Unterbrechung im Sinne zeitdeckenden Erzählens fortführen oder die erzählte Zeit mittels einer Ellipse verkürzen. Im ersten Fall ist die Kontinuität der Zeitachse gewährleistet. Der Schnitt dient nicht der Überbrückung diegetischer

---

154 Vgl. dazu Hickethier, S. 133.

Zeit, sondern dem Wechsel der Einstellungsgröße oder der Perspektive. Die zweite Alternative, der Zeitsprung, ist in seinem Umfang theoretisch unbegrenzt. Zwischen zwei Einstellungen können wenige Sekunden oder Jahrzehnte vergangen sein. Eine ungewöhnliche Schnitttechnik versteckt sich hinter der Bezeichnung *jump cut*. Aus einer fortlaufenden Bewegung werden einzelne Bilder herausgeschnitten, wodurch ein ruckartiger Bild- und Zeitsprung entsteht.[155]

Alternativ zu einem harten Schnitt können Zeitsprünge mit Hilfe von Überblendungen allmählich ineinander übergehen. Kurzzeitig überlappen sich beide Zeitfenster und fördern eine Verdichtung und Intensivierung der semantischen Zusammenhänge.[156]

Eine Aneinanderreihung kurzer Einstellungen, die Momentaufnahmen eines Ereignisses oder gewichtiger Lebensabschnitte festhalten, kommt dem summarischen Erzählen nahe. In *Lola rennt* fasst der Regisseur Tom Tykwer die Schicksalsverläufe einiger Nebenfiguren durch die Montage von Standbildern zusammen. Sie bilden markante Situationen der einzelnen Figuren ab und addieren den Lebensweg durch wenige Aufnahmen. Die an Schnappschüsse erinnernden statischen Bilder und die entsprechenden Geräusche einer auslösenden Kamera provozieren die Assoziation an einen Fotoroman.

The cinema has trouble with summary, and directors often resort to gadgetry. The ›montage-sequence‹ has long been popular: a collection of shots showing selected aspects of an event or sequence usually integrated by continuous music.[157]

Eine selten zum Einsatz kommende Erzähltechnik ist die zeitdehnende Montage. Die diegetische Zeit wird durch den Einschub von Einstellungen unterbrochen, die der erzählten Welt nicht zugeordnet werden können und folglich aus dem Handlungskontinuum herausfallen. Bordwell spricht in diesem Fall von *nondiegetic inserts*. »Here the filmmaker cuts from the scene to a metaphorical or symbolic shot that is not part of the space and time of the narrative.«[158]

Nichtdiegetische Einschübe übernehmen die Funktion von Erzählpausen. Jean-Luc Godard greift in *Die Verachtung* wiederholt auf dieses

---

155 Vgl. dazu Bordwell, S. 234.
156 Vgl. dazu Siegrist, S. 90; Lohmeier, S. 160.

157 Chatman, Story and Discourse, S. 69.
158 Bordwell, S. 234.

Erzählverfahren zurück. Zwischenschnitte in die Handlungsabfolge zeigen Götterstatuen, die nicht der diegetischen Welt entstammen, sondern auf der selbstreflexiven Ebene Kinogeschichte thematisieren.

Eine narrative Pause ganz anderer Art verbirgt sich hinter dem Spezialeffekt der *bullet time*. Der Zuschauer gewinnt den Eindruck einer Kamerafahrt um ein in der Bewegung eingefrorenes Objekt. Tatsächlich handelt es sich hier um eine Aufeinanderfolge von Einzelbildern, die von mehreren Kameras aus zeitgleich und aus verschiedenen Perspektiven gemacht wurden. Ein populäres Beispiel stellt die scheinbare Kamerafahrt um eine abgefeuerte Kanonenkugel in dem Film *Matrix* der Brüder Wachowski dar.

7.1.2.2. Ordnung

Die Erzählreihenfolge kann auf der Ebene der Montage beliebig verändert werden. Diverse Blendentechniken bieten eine Alternative zu dem harten Schnitt. Die im Kontext zeitlichen Dauer genannte Überblendung funktioniert auch in Bezug auf die zeitliche Ordnung. Die Bilder zweier Einstellungen überlagern sich kurzzeitig und unterstützen einen sukzessiven Übergang zwischen zwei getrennten Zeitfenstern. In *Einen Sommer lang* verwendet Ingmar Bergman die Überblendung, um die einzelnen Erinnerungspassagen seiner Protagonistin einzuleiten.[159] Die freudlose Gestalt der Hauptdarstellerin der diegetischen Gegenwart wird verstärkt durch die Überblendung mit der Sorglosigkeit ihres vergangenen Ichs.

Während die Überblendung integrative Funktion übernimmt, betonen Verschiebungen der alten Einstellung durch Wisch-, Vorhang-, Jalousie- und Zerreißblenden den Segmentierungsprozess. Auf- und Abblenden belichten und verdunkeln Einstellungsbeginn bzw. Einstellungsende. Durch die nachdrückliche Markierung wird die sequentielle Anordnung filmischer Einstellungen intensiviert.[160]

---

159 Vgl. dazu Pudowkin, S. 196.
160 Vgl. zu den verschiedenen Einstellungskonjunktionen Monaco, S. 211.

Für einen unsichtbaren Schnitt sorgt ein diegetisches Objekt, das entweder auf eine abstrakte Detailebene gezoomt wird oder sich vor die Kamera schiebt und somit den Blick versperrt.

Diegetische Tonelemente können dem Bild synchron, vorzeitig oder nachzeitig zugeordnet werden.[161] Der Ausdruck *sound bridge* bezeichnet das Auseinanderfallen der beiden Kanäle. Es sind bereits die Töne der nachfolgenden Einstellung zu hören oder die neue Einstellung beginnt mit Geräuschen oder Worten aus der vorangestellten Einstellung. Vergleichbar mit Kohärenz unterstützenden visuellen Kompositions- und Motivparallelen angrenzender Einstellungen, unterstützt die auditive Brücke die Integration der Zeitebenen.

Die Parallelmontage bildet alternierend unterschiedliche Handlungsstränge ab (ababab). Es kann sich wahlweise um simultane, analeptische oder proleptische Ereignisse handeln.

Während die Parallelmontage die Ereignisreihen in linearer Abfolge präsentiert, erlaubt der geteilte Bildschirm (*split screen*) visuelle Gleichzeitigkeit. Ein häufiges Beispiel dafür findet sich in der Abbildung zweier Telefon-Gesprächspartner. Die Gleichzeitigkeit des Ungleichzeitigen, im Comic eine medienbedingte Struktur, resultiert aus dem optischen Nebeneinander vergangener, gegenwärtiger und zukünftiger Ereignisse.

7.1.2.3. *Frequenz*

Bordwell verwendet den Ausdruck des *overlapping editing*, um die mehrfache Darstellung derselben Aktion zu beschreiben.[162] Ein Ereignis wird mindestens zweimal in Wiederholung aneinander geschnitten. Die Vervielfachung beschreibt keinen Zustand der erzählten Welt, sondern findet ausschließlich auf der Darstellungsebene statt. In Anlehnung an Genettes Terminologie handelt es sich um die *n-fache Abbildung eines einmaligen Ereignisses.* Durch das overlapping editing können die optischen Perspektiven verschiedener Wahrnehmungszentren auf die herausgehobene Handlung dargestellt werden. Hans Beller verweist auf ein frühes Beispiel in der Filmgeschichte. Die Wiederholung

---

161 Vgl. dazu Chatman, Story and Discourse, S. 64.

162 Vgl. dazu Bordwell, S. 217.

der gleichen Handlungssequenz resultiert seines Ermessens allerdings daraus, dass die Parallelmontage noch nicht erfunden wurde, d. h. die alternierende Darstellung zweier Handlungsorte und den sich dort zutragenden Ereignissen.

Edwin S. Porter zeigt 1903 in dem Film *The Life of an American Fireman* einen Teil der Handlung zweimal: Ein Feuerwehrmann rückt aus, um eine Mutter mit Kind aus einem brennenden Haus zu retten. Dabei wird die Rettung in letzter Minute, einmal von innen, aus der Sicht der gefährdeten Mutter, und einmal von außen, aus der Sicht der Feuerwehrleute gezeigt.[163]

Die Montage des gleichen Augenblicks übernimmt zeitdehnende Funktion. Im Unterschied dazu verkürzt iteratives Erzählen wiederkehrende Handlungen auf eine einmalige Darstellung. Sprache vermag zeitliche Bezugssysteme mit wenigen Worten zu bündeln, wohingegen das Bild alleine über den gegenwärtigen Moment hinaus keine abstrakten Zusammenhänge abbilden kann. Erst in Kombination mit Sprachelementen in Form von Erzähler- oder Figurenrede können wiederkehrende Handlungsstrukturen summarisch zusammengefasst werden.

7.2 Raum und Körper

In some media, a given narrative might emphasize only causality and time; many anecdotes do not specify when the action takes place. In film narrative, however, space is usually an important factor.[164]

Film und Comic teilen sich auf der Grundlage ihres dominanten ikonischen Zeichensystems die Notwendigkeit, Rauminformationen zu vermitteln. Der schriftbasierte Roman kann im Vergleich gänzlich ohne räumliche Angaben den Handlungsverlauf einer Geschichte erzählen. Entsprechend verhält es sich mit der Abbildung des optischen Erscheinungsbildes der Figuren, die in Film und Comic konstitutiv ist. Für den Roman hingegen handelt es sich nur um ein optionales Darstellungsmittel. Die Physiognomie der Protagonisten ist kein unverzichtbares Element im Vermittlungsprozess einer Handlung.

---

163 Beller, S. 19. 164 Bordwell, S. 61.

7.2.1. Einstellung

7.2.1.1. *Bildformat – Darstellungsraum – Handlungsraum*

Die Gestaltung des Raums ist in visuellen Erzählmedien von maßgeblicher Bedeutung. Filmische Raumkonzeptionen finden sich auf drei zu differenzierenden Ebenen. Im *Bildformat* werden die Proportionen von Länge und Breite des Sichtfensters festgelegt. Die Bandbreite der potentiellen Formate ist verhältnismäßig begrenzt. Das Normalformat beträgt 1:1,37 (Höhe:Breite), das Breitbandformat basiert auf dem Maßstab 1:166 (in Europa) oder 1:185 (in den USA). Die Bildformate alleine sind nicht bedeutungstragend oder bedeutungsunterscheidend, wenngleich James Monaco zu bedenken gibt, dass »die Breitwand eine bessere Ausnützung von Handlungs- und Landschaftscodes erlaubte«.[165] Das Bildformat und der *Darstellungsraum* lassen sich nicht kategorisch voneinander trennen. Eine Unterscheidung wird dennoch zu Grund gelegt, um begrifflich den äußeren Rahmen einerseits von dem Darstellungsausschnitt der erzählten Welt andererseits abzugrenzen. Im Kontrast zu der Realisierung des diegetischen Raums im *discourse-space*, verbirgt sich hinter der *story-space* ein abstraktes Konzept. Vergleichbar mit der von Chatman angeführten story-time handelt es sich um ein hypothetisches Konstrukt über die räumliche Beschaffenheit des Erzählten unabhängig von der medialen Begrenzungen der Präsentation. »[...] as we distinguish story-time from discourse-time, we must distinguish story-space from discourse-space. The distinction emerges most clearly in visual narratives.«[166]

7.2.1.2. *Kamera- und Objektbewegung*

Die medienspezifische Besonderheit des Films besteht in der variablen Aussicht auf die abgebildete Welt. Im Unterschied zum statischen Panel des Comics, innerhalb dessen Bewegung nur angedeutet werden kann, vermag die bewegliche Kamera den Raum zu durchstreifen. Das ge-

---

165 Monaco, S.165.
166 Chatman, Story and Discourse, S.96.

schieht wahlweise durch eine stationäre Kamera, die über die Möglichkeiten des Schwenkens und des Zooms verfügt, oder mit Hilfe einer Kamerafahrt, die ihre Position im Raum verändern kann. Beide Kameratypen gestalten die Einstellungskonstituenten Größe und Perspektive, die sich innerhalb einer Einstellung mehrfach modifizieren lassen.

Die stationäre Kamera kann drei Schwenkrichtungen realisieren: den Horizontal-, Vertikal- und Diagonalschwenk. Der Horizontalschwenk verschiebt den Raumausschnitt nach links oder nach rechts. Eine vollständige Umrundung ermöglicht einen 360 Grad Rundumblick. Der Vertikalschwenk richtet die Kamera nach oben oder nach unten aus. Der Diagonalschwenk stellt die Raumansicht in eine schräge Position. Ein 180 Grad Diagonalschwenk stellt die diegetische Welt auf den Kopf. Martin Scorsese greift gezielt auf diese Extremposition zurück. In *Cape Fear* richtet er den kopfunter hängenden Robert de Niro mit der diagonalen Kameraposition wieder auf, wodurch der Schauspieler ein diabolisches Aussehen erhält.

Reißschwenks zeichnen sich durch eine sehr hohe Bewegungsgeschwindigkeit aus. Rauminformationen gehen dabei verloren, Details sind nicht mehr zu erkennen. Reißschwenks als Bestandteil einer Einstellung durchmessen den Raum, um zwei Punkte in ihm in Beziehung zu setzten. Raumeigenschaften treten dabei in den Hintergrund. In seiner Funktionsweise ähnelt er einem Schnitt.

Die Bewegungsrichtung der stationären Kamera richtet sich entweder an einem bewegten Objekt aus oder schweift unabhängig durch den Raum. Die objektgebundene Kamera orientiert sich an der »Bewegungsrichtung und dem Bewegungstempo des Objekts«, währenddessen die freie Kamera autonom erscheint.[167]

Die beiden Unterscheidungskriterien lassen sich auch in Bezug auf die dynamische Kamera anwenden, die im Vergleich zu der stationären Kamera nicht standortgebunden ist. Kamerafahrten unterscheiden sich hinsichtlich der verwendeten Fortbewegungsmittel in Dolly (Kamerawagen, der zum Zweck der Präzision auf Schienen geführt wird), Auto, Hubschrauber, Kran und Handkamera. Das räumliche Fassungsvermögen einer Kamerafahrt ist theoretisch unbegrenzt. Sie kann sich im Vergleich zu der stationären Kamera an ein bewegtes Objekt heften,

---

167 Lohmeier, S. 99.

demselben folgen oder voraneilen. Die Verfolgungsfahrt heftet sich an die Fährte eines Objekts. In der Parallelfahrt bleibt der Abstand zwischen der Kamera und dem fixierten Objekt gleich. Bei Ran- und Wegfahrten überlappen sich die Blick- und Bewegungsachse der Kamera. Sie ermöglichen es, ein Objekt im Bildzentrum zu halten und nach Wunsch bis auf die Detailebene zu vergrößern (Ranfahrt) oder am Horizont verschwinden zu lassen (Wegfahrt). Mit der Annäherung verringert sich der darstellbare Raum, wohingegen der Abstand vom Zielobjekt den Raum erweitert. Einen vergleichbaren Effekt erzielt die Zoomfunktion, die nicht auf einen Kameratypen beschränkt ist. Die Winkeleinstellung zwischen Bewegungs- und Blickachse ist variabel. Bereits leichte Abweichungen bewirken, dass »die Objekte nicht [...] konzentrisch vom Bildmittelpunkt aus zum Bildrand (oder umgekehrt), sondern durchs Bild fließen«.[168]

Alle angeführten Optionen der Kamerabewegung liegen in der Filmpraxis in diversen Verknüpfungen vor, d. h. beispielsweise eine diagonale Ausrichtung der Kamera bei gleichzeitigem Horizontalschwenk. »[...] the camera may track and pan at the same time or crane up with zooming. Still, every instance can be identified as a combination of the basic types.«[169]

Durch die Modifikation des Bildausschnitts verändern sich *onscreen* und *offsreen* Räume in stetigem Prozess. Was vordem nicht sichtbar war, bringt der Schwenk oder die Kamerafahrt ins Bild, während der einst sichtbare Raum wenigstens partiell verschwindet.

Eine andere Art der Bilddynamik geht von sich bewegenden Objekten aus, die von der Seite, von vorne oder von hinten in das Bild hinein- oder hinaustreten. Des Weiteren kann unterschieden werden, ob diese Bewegung Bestandteil des Vorder- oder des Hintergrundes ist. Faulstich differenziert zwischen Haupt- und Nebenbewegungen, wobei nicht deutlich wird, ob es sich dabei um eine bewertende Kategorie handelt, die eine Relevanzsetzung vornimmt, oder Bewegungen im Vordergrund des Bildes automatisch den Status einer Hauptbewegung innehaben.[170]

---

168 Ebd., S. 101.
169 Bordwell, S. 184.

170 Vgl. dazu Faulstich, S. 122.

7.2.1.3. Schärfe

Die Bildschärfe kennzeichnet ein wichtiges Stilmittel der Einstellung. Zu unterscheiden sind die Schärfentiefe, die Vorder- und Hintergrund deutlich umreißt und räumliche Tiefe suggeriert, und die flache Schärfe, die dagegen *eine* Bildebene heraushebt. Während die Schärfentiefe Objekte in Nähe und Distanz gleichwertig abbildet, lenkt die flache Schärfe die Aufmerksamkeit des Betrachters. Die Schärfe kann innerhalb einer Einstellung wechseln, um einem bewegten Objekt zu folgen (*Schärfenmitführung*) oder um den Akzent auf einen anderen Aspekt des Bildes zu legen (*Schärfenverlagerung*).

Indem er eine relativ flache Schärfe beibehält und während der Aufnahme die Schärfe verlagert, kann der Filmemacher die Ebenen abwechselnd betonen, was in gewisser Weise der Wirkung des Schwenks, Zooms oder der Fahrt gleichkommt, dies aber innerhalb des Bildes tut, ohne die Kamera zu bewegen.[171]

7.2.1.4. Einstellungsgrößen

In Anlehnung an Faulstich können acht Einstellungsgrößen graduell unterschieden werden, die am Beispiel der menschlichen Gestalt in seinem Handlungsraum vorzustellen sind.[172] Die *Detailaufnahme* reduziert den abgebildeten Ausschnitt auf Einzelelemente, z. B. die Augen oder den Mund. Der Fokus der Betrachtung weitet sich bei der *Großaufnahme* auf das vollständige Gesicht. Die *Nahaufnahme* bildet den ganzen Oberkörper bis zur Taille ab. Die *amerikanische Einstellung* reicht vom Kopf bis zu den Knien. Der vergrößerte Bildraum schließt den Handlungsraum in wachsendem Maße ein. Von der *Halbnaheinstellung*, die den Menschen bis zu den Füßen darstellt, über die *Halbtotale*, die einen Großteil des Raums mit den in ihm befindlichen Menschen einfängt, bis zur *Totalen*, die den gesamten Raum präsentiert, gewinnt die Bewegung in der Landschaft an Bedeutung. Räumliche Weiten im Sinne der Totalen oder der *Weitaufnahme*, der letzten und umfassendsten Einstellungsgröße, bieten dem Rezipienten unbegrenzte

---

171 Monaco, S. 185. 172 Vgl. Faulstich, S. 116 ff.

Landstriche, wohingegen die Darstellung von Innenräumen auf die kleineren Einstellungsgrößen zurückgreift.

Die größte Beachtung und Bewunderung hat die Entdeckung der Detail- und Großaufnahme hervorgerufen. Béla Balázs spricht enthusiastisch von der *Mikrodramatik*, die »intimere Physiognomie von Mensch und Ding«[173] zum Vorschein bringt.

The camera has uncovered that cell-life of the vital issues in which all great events are ultimately conceived; for the greatest landslide is only the aggregate of the movements of single particles. A multitude of close-ups can show us the very instant in which the general is transformed into the particular.[174]

Harald Schleicher ist zu widersprechen, wenn er in der Großaufnahme etwas Spezifisches des Filmmediums zu erkennen glaubt.[175] Wie das Kapitel über den Comic darlegt, gehören kleine Einstellungen zu dem täglichen Geschäft auch dieser Erzählgattung.

Detail- und Großaufnahmen minimieren die räumliche Orientierung. Dieser Effekt lässt sich erzählstrategisch in zweierlei Hinsicht fruchtbar machen. Durch die mangelnden Rauminformationen kleiner Einstellungsgrößen können zwei getrennte Räume miteinander verschmolzen werden. Die Vergrößerung des Bildausschnitts gibt in diesem Fall den Blick frei auf zwei getrennte räumliche Umgebungen. Gleichzeitig vermögen enge Bildausschnitte räumlich vereinte Elemente zu separieren. Erst ein großer Bildausschnitt offenbart die örtliche Übereinstimmung.[176]

Eine mit der Großaufnahme vergleichbare Funktion übernimmt die Irisblende, die zur Isolierung und Hervorhebung von Bilddetails eingesetzt wird. Sie hat seit der Stummfilmzeit an Popularität eingebüsst und findet nur noch vereinzelt in experimentell konzipierter Filmkunst Verwendung.

Die Einstellungsgröße kann sich innerhalb einer Einstellung oder als Resultat der Montage verändern. Zoom oder Kamerafahrt holen die Objekte der Betrachtung näher heran, um wenig später neue räumliche Distanz aufzubauen. Ein schneller Wechsel kleiner und großer Einstel-

---

173 Balázs, Zur Kunstphilosophie des Films, S. 221.
174 Balázs, From Theory of the Film, S. 288.

175 Vgl. Schleicher, S. 31.
176 Vgl. dazu Siegrist, S. 159.

lungsgrößen erhöht die Dynamik eines Films. Hickethier beschreibt die daraus hervorgehende Wirkung beim Zuschauer als *Wahrnehmungserregung.*[177]

Die Skalierung der Einstellungsgrößen ist umstritten. Der auch in diesem Kapitel zu Grunde gelegten Einteilung wird entgegen gehalten, dass sie unklar lässt, in Bezug auf welchen Bildteil sie bestimmt wird. Eine Einstellung kann die Großaufnahme eines Gesichts im Vordergrund kombinieren mit der amerikanischen Einstellung einer Figur im Hintergrund. Das Richtmaß der menschlichen Gestalt wirft des Weiteren die Frage auf, ob beispielsweise die vollständige Abbildung einer im Verhältnis sehr viel kleinern Katze bereits eine Großaufnahme ist. Im Kontext dieser Untersuchung gilt nicht die tatsächliche menschliche Größe als Bewertungsmaßstab, sondern der proportionale Anteil einer Abbildung. Die Relation von Teil und Ganzem lässt sich sinnvoller auf andere Objekte übertragen.

7.2.1.5. Räumliche Tiefe

Der Film teilt mit der Malerei einige Darstellungsmittel räumlicher Tiefe.[178] Dazu gehören optische Perspektiven, Größenrelationen, Staffelung, Licht und Schatten, Kontrast- und Farbgestaltung. Der Film verfügt darüber hinaus über die Möglichkeiten mittels der Schärfentiefe und der flachen Schärfe die Wahrnehmung räumliche Tiefe innerhalb einer Einstellung zu verändern. Wesentlich für den Film ist allerdings die räumliche Illusionserzeugung durch die Bewegung der Objekte und besonders der Bewegung der Kamera durch Schwenks und Fahrten.[179] Unterschiedliche Ansichten von Innen- und Außenraum, Vorder- und Hintergrund wechseln sich ab und rufen bei dem Betrachter eine komplexe Raumvorstellung hervor.

Räumlichkeit wird des Weiteren über den akustischen Kanal signalisiert. Offscreen Geräusche erweitern das Bewusstsein des Rezipienten um den imaginären diegetischen Raum. Erst nach einem Schwenk oder der Veränderung des Kamerastandorts rückt die Geräuschquelle in den

---

177 Vgl. dazu Hickethier, S. 60.
178 Siehe dazu Kap. 6.3.1.1. in diesem Buch.

179 Vgl. dazu Winkler, S. 82; Hickethier, S. 72.

Blick. Über Lautstärke und Halleffekte kann das Erleben von Nähe und Distanz unterstützt werden. Mehrkanal-Tonsysteme ermöglichen darüber hinaus, die Richtung des Schalls zu bestimmen und ein realistisches räumliches Klangerlebnis zu erzeugen. Geräusche vermögen Raumeigenschaften zu betonen, zu verstärken oder auch zu verfremden. Einzelne Tonquellen können aus der Geräuschkulisse separiert und herausgehoben werden, um eine bestimmte räumliche Atmosphäre zu pointieren.

7.2.1.6. *Achsenverhältnis*

In der Filmtheorie wird differenziert zwischen der Handlungsachse der Figuren und der Blickachse des Zuschauers. Beide Achsen können deckungsgleich sein, und im Fall der Bewegung auf die Kamera zu, eine hohe Integration des Zuschauers in das Geschehen provozieren. Die entgegengesetzte Bewegung vom Betrachter weg hingegen unterstützt eine größere Distanzierung. Verläuft die Handlungsachse parallel zur Bildfläche, d.h. im rechten Winkel zur Wahrnehmungsachse des Rezipienten, wie es in der Abbildung von Gesprächspartnern oft der Fall ist, die im Profil gezeigt werden, nimmt der Betrachter eine externe Position ein. Um eine größere Einbindung zu erzielen, wird häufig auf den 45 Grad Winkel zurückgegriffen, der den Blick in das Gesicht ermöglicht. Die Mimik der Protagonisten ist dem Betrachter bei diesem Achsenverhältnis zugänglich.[180] Das Achsenverhältnis wird dann von tragender Relevanz, wenn es die Abbildung einer Figur dominiert, z.B. die ausschließliche Sicht auf eine Figur von hinten, um ihre Identität geheim zu halten, und dadurch die Spannung zu steigern.

7.2.2. Montage

Die Montage der Einstellungen erleichtert, erschwert oder verhindert die räumliche Kohärenzbildung durch den Zuschauer. Film und Comic greifen dabei auf vergleichbare Anschlussverfahren zwischen den Ein-

---

180 Vgl. dazu Hickethier, S. 64 f.; Faulstich, S. 122.

zelsegmenten (Einstellung bzw. Panel) zurück. In beiden Erzählgattungen funktioniert die räumliche Orientierung über die Wiederaufnahme bildlicher Elemente, die Fortsetzung von Bewegungseinheiten und den Fokalisierungsleistungen der Figuren.[181]

Die Verkettung unterschiedlicher Handlungsorte wird erleichtert durch Ähnlichkeiten des Bildmotivs und der Bildkomposition. Grafische Metamorphosen und der Wechsel großer und kleiner Einstellungsgrößen glätten den räumlichen Sprung. Film und Comic unterscheiden sich auch an diesem Punkt nur unwesentlich.

Eine filmspezifische Montagetechnik wird durch den *Reißschenk* verwirklicht. Sein Name verdankt sich der schnellen Schwenkgeschwindigkeit, die keine Bildelemente mehr erkennen lässt, und sowohl zur Überbrückung zeitlicher als auch räumlicher Sprünge verwendet wird. Der besondere Effekt des Reißschenks besteht darin, eine optische Verbindung zwischen getrennten Räumen zu schaffen. Mit dem Schwenk assoziiert der Betrachter eine Verdichtung der räumlichen Distanz, so dass auch weit entfernte Handlungsorte miteinander verknüpft scheinen.

Diverse Blendentechniken stehen, alternativ zum harten Schnitt, optional zur Verfügung, um Übergänge zu markieren. Überblendungen lassen zwei Orte für kurze Zeit miteinander verschmelzen und unterstützen eine Relationsbeziehung zwischen getrennten Räumen. Wischblenden hingegen akzentuieren die Ablösung des einen Handlungsortes durch den anderen. Auch die Auf- und Abblenden setzen auf die Sequenzialität der Anordnung. Sie separieren die Einstellungen allerdings nachdrücklicher, insofern für einen Bruchteil einer Sekunde die erzählte Welt zu Gunsten eines leeren Bildschirms verschwindet.

Akustische Klammern überbrücken räumliche Distanzen, z. B. durch Musik oder diegetische Geräusche.[182]

---

181 Siehe dazu Kap. 6.3.2.1. in diesem Buch. Vgl. auch Balázs, Zur Kunstphilosophie des Films, S. 220; Branigan, S. 43.

182 Im Comic können Onomatopöien vergleichbare Funktion übernehmen.

7.3 Sprache, Musik und Geräusche

Von Tönen in Form von Wörtern, Geräuschen und Musik ist bereits mehrfach die Rede gewesen. Ihre unterstützenden und gestaltenden Funktionen im Kontext filmischen Erzählens sind vielgestaltig und umfangreich. Einige Theoretiker verfallen dem Irrglauben, der Film ließe sich unabhängig vom Tonrepertoire nur auf der Basis des Bildmaterials analysieren und bewerten. Mit der Konsequenz, den Film um einen seiner essentiellen Bedeutungsträger zu reduzieren. Ton und Bild bilden eine untrennbare Einheit der Erzählgattung Film, deren künstliche Isolierung den Gegenstand der Betrachtung verändert.

Töne beeinflussen die Wahrnehmungstätigkeit und vermögen auf bestimmte Bildelemente aufmerksam zu machen. »In such ways sound can guide us through the images, pointing to things to watch.«[183]

In Abb. 12 werden die möglichen Relationsbeziehungen zwischen dem Bild- und Tonmaterial aufgeführt, die im Zusammenhang der Raum- und Zeitgestaltung im Film bereits vereinzelt zur Sprache kommen.

Asynchronität beschreibt die leicht verzögerte oder vorgezogene Präsentation des Tons im Verhältnis zum Bild. Sie stellt ein seltenes Stilmittel dar, das als Verfremdungseffekt hauptsächlich in experimentellen Filmen verwendet wird. Die synchrone Darbietung hingegen bildet die konventionalisierte Regel.

Gehören Bild und Ton unterschiedlichen Zeitebenen an, wird zwischen einem proleptischen bzw. analeptischen Verhältnis unterschieden. Proleptische Laute referieren auf zukünftige Ereignisse, wohingegen analeptisches Tonmaterial zurück in die Vergangenheit verweist.

Die sound-bridge funktioniert nach einem vergleichbaren Prinzip. Ton und Bild passen auch hier nicht übereinander. Erst in der anschließenden Einstellung treten die Lautquellen in das Bild. Alternativ können auch Geräusche, Worte oder Musik aus der vorangegangenen Einstellung hörbar bleiben. Die sound bridge unterstützt einen gleitenden Übergang zwischen zwei Einstellungen.

Die Abbildung des diegetischen Raums ist auf einen Ausschnitt begrenzt. Töne, die sich diesem visuellen Raum zuordnen lassen, gelten

---

183 Bordwell, S. 246.

als *onscreen* Töne. *Offscreen* hingegen meint Tonelemente, die als Bestandteil des erweiterten imaginären Raums gedacht werden müssen. Beispielsweise kann sich eine onscreen Figur mit einer offscreen Figur unterhalten. Von dem Dialogpartner sind in diesem Fall nur die Worte zu hören. Offscreen Laute unterstützen die Raumillusion zu Gunsten einer existierenden aber nicht in ihrer Totalität sichtbaren Welt. Sie stimmen überein mit der menschlichen Wahrnehmungserfahrung.

Unsere Ohren nehmen [...] unabhängig von der Wahrnehmung der Augen von überall her Geräusche auf. Unter normalen Umständen hören wir auch eine große Anzahl von Tönen, die aus nicht sichtbaren Quellen kommen.[184]

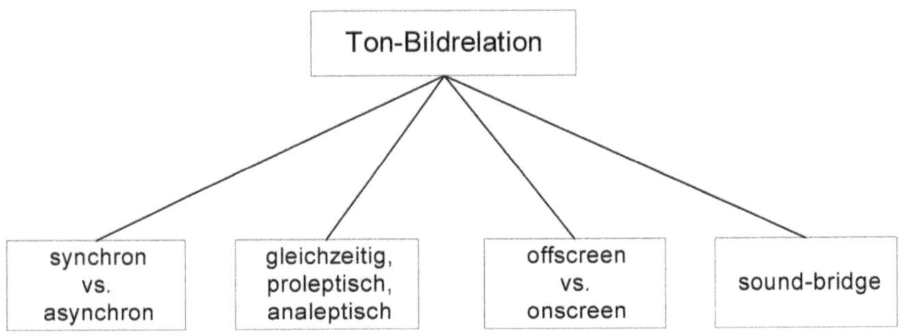

Abb. 12: Mögliche Ton-Bildrelationen

Diegetische Toninformationen können isoliert als herausgehobene Elemente vorliegen oder komplexe Geräuschkulissen erzeugen. Ein besonders markantes Stilelement ist die Stille, d.h. die Abwesenheit eines akustischen Raums.[185] Ihr stilistisches Gewicht bemisst sich auch an der vorangegangenen Lautstärke.

Durch Lautstärke, Echo- und Halleffekte können Eindrücke von Nähe und Distanz vermittelt und Raumeigenschaften hervorgehoben werden. Mehrkanal-Tonwiedergaben erlauben außerdem, die Richtung des Schalls zu bestimmen. Der Hörer erlangt dadurch die Vorstellung, selber als Wahrnehmungsinstanz im Handlungsraum präsent zu sein.[186]

Das gesprochene Wort verweist über seinen Inhalt hinaus auf die Stimmqualitäten der Figur, die Informationen über Geschlecht, Alter, regionaler Zugehörigkeit vermitteln. Die Tongebung oder Intonation

---

184 Reisz, S. 172.

185 Vgl. dazu Griem/Voigts, S. 165.

186 Vgl. dazu Winkler, S. 83.

der Worte trägt zur Charakterisierung der Figur und ihrer momentanen Befindlichkeit bei. Laute der Außenwelt können durch eine Wahrnehmungsinstanz subjektiviert werden, d. h. auf der Grundlage ihrer physischen und psychischen Verfassung eine individuelle Einfärbung erhalten. Die interne Fokalisierung eröffnet dem Rezipienten einen akustischen Raum, der nur im Kopf der Figur existiert.

Tondeformationen durch Verzerrung, Echoeffekte usw. verunsichern die akustische Erfahrung. Verfremdungen diegetischer Geräusche kommen andererseits in vielen Fällen auf Grund von Rezeptionsgewohnheiten nicht mehr zu Bewusstsein. Im Gegenteil erzeugt deren Ausbleiben eine Irritation.

Die konventionalisierte, d. h. idiomatische Anwendung des nicht diegetischen Tons im Fall der üblichen Geräuschung von Faustschlägen mit (unrealistischem) lautem Donnern oder gar Knacken ist so weit fortgeschritten, dass gerade die getreue Wiedergabe des realistischerweise kaum hörbaren Geräuschs als wirklichkeitsfremd empfunden würde.[187]

Die Beurteilung des Realitätsgrades diegetischer Töne orientiert sich folglich nicht notwendigerweise an lebensweltlichen Wahrnehmungserfahrungen.

Nicht-diegetische Geräusche lassen sich nicht immer eindeutig identifizieren. Oftmals werden sie eingesetzt, um diegetische Lautquellen in ihrer Wirkung zu unterstützen. Alfred Hitchcock verstärkt in seinem Film *Die Vögel* das Flügelschlagen und Kreischen der Tiere, um die von ihnen ausgehende Bedrohung dramaturgisch in Szene zu setzen. Die Vogelgeräusche werden verflochten in ein musikalisches Arrangement ohne im eigentlichen Sinne als Musik bezeichnet werden zu können. Die Grenze zwischen diegetischen und nicht-diegetischen Geräuschen verwischt.

Die Filmmusik ist unter den nicht-diegetischen Tönen das populärste und bedeutungsvollste Ausdrucksmittel. Ihre Funktionen sind zahlreich. Musik provoziert Emotionen, lenkt Sympathien, steuert die Aufmerksamkeit, erzeugt Spannung und Atmosphäre, fungiert als Leitmotiv usw.

---

187 Siegrist, S. 97.

Es gibt, so könnte man sagen, eine Interpunktion durch Musik im Sprachfluß des Films: Doppelpunkte, Parenthese, Klammern (natürlich), aber auch Absätze, Frage- und Ausrufezeichen und – sehr lange Gedankenstriche [...].[188]

7.4 Fokalisierung

Der Begriff der Fokalisierung legt fest, wer für den Wahrnehmungsinhalt verantwortlich ist. Es kann sich dabei um sinnliche oder emotionale Eindrücke einer Figur oder um eine objektive Kamera handeln. Da letztere auch den Ausschnitt der erzählten Welt selektiert und perspektivisch präsentiert, birgt der Terminus des Objektiven einige Unklarheiten in sich. Aus diesem Grund soll im Weiteren von figurengebundener bzw. figuren*un*gebunder Fokalisierung gesprochen werden.

In der Filmtheorie findet der Terminus der *subjektiven Kamera* Verwendung, über dessen Geltungsbereich allerdings Uneinigkeit herrscht. Vergleichbar unpräzise fällt der Gebrauch der Kategorien *point-of-view shot* und *eyeline match* aus. Beide Termini lassen sich als Gradmesser auf einer Skala verorten, die über den Intensitätsgrad der figurengebundenen Fokalisierung entscheiden.

[...] an eyeline match differs from a point-of-view shot according to the inferences a spectator may draw about the object that is seen. The former shows us what a character sees and when the character sees it; the latter shows us, in addition, the perspective of the character. Thus the point-of-view shot represents on screen an additional ›subjective‹ feature. It is more *restricted* than the eyeline match because its representation of space and distance is tied much closer to the presumed place of the character.[189]

Subjektive Kamera bezeichnet im Folgenden die radikalste Form der Fokalisierung durch eine Figur. Der Zuschauer sieht die Welt durch die Augen der agierenden Figur. Jede Kopfbewegung wird in Kamerabewegung umgesetzt, die optische Perspektive des Betrachters ist identisch mit der des Akteurs. Um den Eindruck der Subjektivität zu verstärken, können Maskeneffekte hinzugezogen werden. Die Sichtfeldbegrenzung des Protagonisten stimmt überein mit der des Zuschauers. Robert Montgomery verwirklicht die subjektive Kameraführung in seinem

---

188 Köbner, S. 145.

189 Branigan, S. 51.

Film *Lady in the Lake* ohne Unterbrechung. Der Standort von Figur und Zuschauer stimmt durchgehend überein. Das bedeutet auch, dass der Zuschauer nicht mehr und nicht weniger sieht als seine Figur. In *Being John Malkovich* (1999) von Spike Jonze findet Craig Schwartz (John Cusack) einen Geheimzugang zu John Malkovich Kopf. Wer zahlt, kann für eine Weile dieser berühmte Schauspieler sein und im wortwörtlichen Sinn durch dessen Augen auf die Welt schauen. Die subjektive Kamera realisiert hier den Blick der Eingeschleusten durch die Augen von John Malkovich.

Subjektive Kameraeinstellungen können kurze Sequenzen übernehmen, um beispielsweise durch einen horizontalen Kameraschwenk den Rundumblick oder durch das Hin- und Herschwenken den Rauschzustand der Fokalisierungsinstanz zu simulieren.

Weniger begrenzt ist das Sichtfeld des Publikums, wenn es lediglich über die Schulter des in den Hintergrund Blickenden schaut. Beide Blickachsen laufen parallel. Der Zuschauer hat im Unterschied zur subjektiven Kamera auch die Figur im Fokus.

Die Darstellung figurengebundener Fokalisierung durch die Montage funktioniert in stärkerem Maße über die Induktionsleistung des Betrachters.

[...] if in the first shot the character looks off-screen, to right or left or front or back, and there follows a cut to another setup within his eyeshot, we assume that he has in fact seen that thing, from that perceptual point of view.[190]

Kleine Einstellungsgrößen, z.B. die Großaufnahme auf das Gesicht oder die Detailaufnahme der Augen unterstützen die Verknüpfung von Fokalisierungssubjekt und -objekt. Branigan führt fünf Kombinationsmöglichkeiten an:[191] Die klassische Reihenfolge stellt die Wahrnehmungsinstanz (S) voran und lässt das Objekt (O) nachfolgen (S,O). Die entgegengesetzte Abfolge (O,S) kann durch einen Einschub verzögert werden (O,X,S). Schieben sich mehrere Einstellungen zwischen das Subjekt und das Objekt (S,X ... X,O) bleibt gegebenenfalls unklar, ob es sich um eine figurenbezogene Darstellung gehandelt hat (O ...

---

190 Chatman, Story and Discourse, S. 159.

191 Vgl. Branigan, S. 162.

(S)). Der Interpretationsspielraum des Rezipienten erweitert sich mit zunehmender Unklarheit.

Bisher war ausschließlich von der optischen Fokalisierung die Rede. Die Unterscheidung der Erzähltheoretikerin Rimmon-Kenan in *perceptual* und *psychological facets*[192] lässt sich auch auf den Film anwenden. Francois Jost geht von einer vergleichbaren Differenzierung in sinnliche Daten einerseits und emotionale und kognitive Einfärbungen andererseits aus. *Ocularization* beschreibt die Relation zwischen dem, was die Kamera zeigt und dem, was die Figur angeblich sieht. Josts *Zero Ocularization* stimmt überein mit der figuren*un*gebundenen Kamera. Der Begriff der *focaliszation* grenzt sich ab von der optischen Perspektive auf die erzählte Welt und stellt die Kognitionsleistungen der Fokalisierungsinstanzen in den Mittelpunkt. *Ocularization* und *focaliszation* müssen nicht in Personalunion vereint sein. Die Außenperspektive auf eine Figur kann einhergehen mit deren subjektiven Wahrnehmung. »[...] the relationship between seeing and knowing is not obligatory. We can see a character *and* be inside his or her head. Ocularization does not always go hand in hand with focalization.«[193]

M. Night Shyamalan erfolgreicher Film *Six Senth* (1999) basiert exakt auf dem Auseinanderfallen der visuellen und kognitiven Wahrnehmung. Dem Zuschauer wird suggeriert, über eine figurenungebundene externe Kamera das Leben des Protagonisten Malcolm Crowe (Bruce Willis) zu verfolgen. Zum Ende des Films entpuppt sich die Kamera als Verbündete mit den kognitiven Irrtümern des Helden.

Siegrist verweist auf die *subjektivierungsverstärkenden Faktoren*, die lediglich den Eindruck einer figurenbezogenen Fokalisierung evozieren.[194] Der Kamerablick durch ein Hindernis, z. B. ein Fenster, Buschwerk u. ä., lässt eine Wahrnehmungsinstanz vermuten. Besonders Horrorfilme machen sich diesen Effekt zu nutze. Die Vorstellung eines Voyeurs, der sich (noch) nicht zu erkennen gibt, und dessen Blicken die Handlungsträger ausgeliefert sind, steigert die Spannung.

---

192 Vgl. Rimmon-Kenan, S. 79.
193 Jost, S. 79. Vgl. auch Chatman, Story and Discourse, S. 160: »This odd phenomenon – a character who is both object and mediator of our vision – occurs regularly in the visual narrative arts.«
194 Vgl. Siegrist, S. 140.

7.5 Erzählinstanzen

Anke-Marie Lohmeier schließt aus ihren filmtheoretischen Betrachtungen das Phänomen des *voice-over* ausdrücklich aus. Sie argumentiert mit der Begrenzung auf »genuin filmische Organisationsformen«, zu denen die Erzählerstimmen nicht gehören.[195] Harald Schleicher beurteilt die Erzählerstimme als »Extrem, das – wohl weil der Erzähler sich primär des akustischen Trakts bedient – als unfilmisch gilt«.[196] Die Untersuchungen Sarah Kozloffs hingegen belegen die bedeutungsstützende und bedeutungserweiternde Funktion einer *voice-over narration*:

> [...] each track *anchors* the meaning of the other, pinning down possible ambiguities. Furthermore, each track *extends* the meaning of the other by providing information not accessible, or not highlighted, in its companion.[197]

Über den semantischen Mehrwert von Zeichenkombinationen hinaus, verkennen viele Kritiker die Popularität der voice-over Stimme. Jean-Pierre Jeunets *Die fabelhafte Welt der Amélie* war ein Kinoerfolg. Einfühlend kommentiert der heterodiegetische Erzähler das Leben seiner Protagonistin und gewährt dem Zuschauer Einblick in ihr Seelenleben. Die amerikanischen Kultserien *Ally McBeal* und *Sex and the City* lassen ihre Hauptdarstellerinnen aus dem Off sprechen. Schleicher ist demnach nur begrenzt zuzustimmen, wenn er in dem Erzähler das Produkt eines Medienwechsels erkennt, »der bezeichnenderweise besonders in Literaturverfilmungen Verwendung findet«.[198]

André Gaudreault konstatiert, dass im Film der *meganarrator* nie vollständig hinter einem figuralen Erzähler der diegetischen Ebene verschwindet. In schriftsprachlichen Erzählungen übernimmt die eingebettete Erzählinstanz das relevante Ausdrucksmedium und ersetzt die aktuelle Kommunikationsebene. Der Film hingegen *zeigt*, was die diegetische Erzählinstanz nur *sagen* kann.

> If in a narrative written in one language, this presumes that the sub-narrator also begins to speak in that language and occupies the transmission channel of the narration; in the cinema the analogous situation presumes that the sub-narrator begins literally to ›speak cinema‹.[199]

---

195 Vgl. dazu Lohmeier, S. 51, 189.
196 Schleicher, S. 38.
197 Kozloff, S. 104.

198 Schleicher, S. 38.
199 Gaudreault/Marion, S. 57.

In der schriftbasierten Erzählliteratur drücken sich alle involvierten Erzähler in dem gleichen Zeichensystem Sprache aus. Soweit ist Gaudreault zuzustimmen. Er vernachlässigt allerdings die Tatsache, dass es sich oftmals um mündliche Erzählungen der Figuren handelt. Die Übertragung der gesprochenen Sprache in Schriftsprache verweist folglich, vergleichbar dem Film, auch auf eine übergeordnete Instanz.

Der Film vermag über den akustischen Kanal die lautliche Realisierung des gesprochenen Wortes, den authentischen Sprechakt, zu vermitteln. Im Roman funktioniert die Wiedergabe der Worte über den visuellen Kanal. Auditive Informationen müssen dementsprechend in Schrift übersetzt werden.

Im Erzähltext hat der Rezipient nur das wortgetreue Referat, mithin nur den ›authentischen‹ Wortlaut, nicht aber die phonetische Realisierung des Gesprochenen vor sich, denn er ›hört‹ dabei [...] immer nur die Stimme des Erzählers, niemals die der Figuren selbst [...].[200]

Die Feststellung einer dominierenden Erzähler*stimme* im Roman ist kritisch zu ermessen, als selbst die nicht im wörtlichen Sinn zu hören ist. Lohmeier ist sich scheinbar der Problematik ihrer Aussage bewusst, wenn sie vorsorglich *hören* in Anführungszeichen setzt.

7.5.1. Metalepse

Der direkte Blick einer Figur in die Kamera übernimmt die Funktion einer effektvollen metaleptischen Illusionsstörung. Der Zuschauer fühlt sich in seiner Rolle als passiver Beobachter ertappt, die ontologische Schwelle zwischen der erzählten und der werkexternen Welt scheint überschritten. Gesteigert wird das Erleben durch die unmittelbare Ansprache des Zuschauers. Die Figuren sind sich in diesem Fall ihres fiktiven Statuses im Sinne einer epistemologischen Metalepse bewusst. Sie diskutieren die Ereignisse, fragen den Betrachter gegebenenfalls um Rat. Wahlweise wenden sich die Figuren aus ihrer momentanen Handlungssituation dem Betrachter zu, oder sie scheinen aus dem diegetischen Raum herauszutreten, die erzählte Welt zu verlassen, und sie von Außen zu kommentieren. Die Grenzüberschreitung kann auch zwi-

---

200 Lohmeier, S. 40.

schen dem Handlungsraum und dem Filmset stattfinden, z. B. eine Kamera, die plötzlich ins Bild gerät oder Figuren, die den Drehplatz verlassen und das Filmteam und sein Equipment in Form einer ontologischen Metalepse direkt angehen.

7.6 Tabellarische Zusammenfassung

Zeitdimensionen	Raumdimensionen
Einstellung/*Dauer*: szenisches Erzählen slow motion freeze moment fast motion *Ordnung* reverse motion sound bridge *Montage*/*Dauer*: jump cut bullet time *Ordnung* Über-, Auf- und Abblenden, Wischtechniken split screen *Frequenz* overlapping editing	*Einstellung*/*Raumkonzepte*: Bildformat Darstellungsraum Handlungsraum *Kamerabewegung*: Schwenk (horizontal, vertikal, diagonal) Zoom Kamerafahrt (Ran-, Weg- u. Parallelfahrt) *Objektbewegung*: ins Bild vs. aus dem Bild von vorne, von hinten, von der Seite *Schärfe*: Schärfentiefe Schärfenmitführung oder -verlagerung *Einstellungsgrößen* Detail-, Groß-, Nahaufnahme, amerikanische Einstellung, Halbnaheinstellung, Halbtotale, Totale, Weitaufnahme
Fokalisierung	*Geräusche* onscreen vs. offscreen
subjektive Kamera zero ocularization ocularization vs. focaliszation	*Montage*: Reißschwenk Blendentechniken

Tabelle 3: Erzähltechniken des Films

8. Hörspiel

Das Hörspiel funktioniert im Vergleich zu den Erzählgattungen Roman, Comic, Film und Hyperfiktion ausschließlich über den akustischen Kanal. Die Geschichte wird durch Dialoge, Geräusche und Musik über das Gehör vermittelt. Über den Klangraum entfalten sich Zeit, Raum und Handlungsverlauf.

Das in diesem Kontext relevante narrative Hörspiel ist zu differenzieren von reinen Klangkunstwerken ohne erzählerische Elemente und von Hörbüchern. Letztere bezeichnen die Transformation des schriftsprachlichen Mediums in die akustische Erzählform. Der Medienwechsel vollzieht sich durch das Vorlesen der Textvorlage, ohne die medialen Möglichkeiten des akustischen Raums zu berücksichtigen. Erst die Hörspiel*bearbeitung* einer Romanvorlage involviert das Erzählpotential der medialen Umgebung.

Ob es eine Hörspielform gibt, weiß ich nicht. Jedenfalls sicher keine, die man einem schon existierenden Spiel abschauen könnte. Jedes muß, wie ein Gedicht, eine neue ihm gemäße Form haben, man muß sie miterschaffen, wie bei einem Gedicht [...].[201]

8.1 Erzählinstanzen

Roman und Hörspiel weisen durch das vorherrschende Zeichensystem Sprache einige Parallelen auf. Die (mögliche) Präsenz eines Erzählers gehört dazu. Der Erzähler übernimmt die Generierung raum-zeitlicher Konstituenten der Geschichte, stellt das Figurenpersonal vor und beschreibt den Handlungsverlauf. Ebenso wie im Roman kann sich der Erzähler zu Gunsten vermittlungsbezogener, analytischer und synthetischer Betrachtungen von dem diegetischen Handlungsraum abwenden,

---

201 Ingeborg Bachmann, zitiert aus
Hiesel, S. 149 f.

um sich selbstreflexiven, kommentierenden oder allgemeinen Überlegungen hinzugeben.[202]

Im Fall heterodiegetischen Erzählens bleibt der Leser eines Romans über das Geschlecht des Erzählers im Ungewissen, es sei denn, es würde explizit darauf hingewiesen. Im Hörspiel wird der Erzähler unvermeidbar als männlich oder weiblich identifiziert. Die akustische Realisation enthält darüber hinaus Informationen über das ungefähre Alter des Erzählers und die Klangeigenschaften seiner Stimme. Intonation und Rhythmus seiner Rede gestalten den Erzählinhalt mit, setzen Bedeutungsakzente, unterstützen den Spannungsaufbau und ermöglichen ironische Distanz zu dem Gesprochenen.

Im Vergleich zum Roman kann der Erzählertext einer kommunikativen Ebene auf mehrere Erzähler aufgeteilt werden, wie die Hörspielfassung von Hermann Hesses *Das Glasperlenspiel* beispielhaft umsetzt. Der extradiegetische Erzähltext wird auf verschiedene männliche und weibliche Erzähler verteilt, die sich alternierend ablösen. Die Stimmenvielfalt unterwandert die Vorstellung eines universellen Erzählers.

Das erzählende und das erlebende Ich homodiegetischen Erzählens wird in der Hörspielversion des Romans *Morgen in der Schlacht denk an mich* von Javier Marias durch verschiedene Tonlagen repräsentiert. Die Differenz zwischen dem gegenwärtigen und dem vergangenen Ich erhält durch diese Darstellungsform auch auf der auditiven Ebene Unterstützung. Teilweise alternieren die Redebeiträge beider Instanzen nach wenigen Worten. Die daraus entstehende Dynamik lässt beide Zeitebenen miteinander verschmelzen. Die stereophone Übertragung beider Ich-Stimmen aus unterschiedlichen Richtungen vereinfacht die Unterscheidung in die erzählende und die erlebende Instanz.

8.1.1. Metalepse

Die Einheit der Erzählerfigur ist im Hörspiel durch den Einsatz unterschiedlicher Sprecher bedroht. In der Hörspielbearbeitung *Das Glasperlenspiel* übergeben sich diverse Erzähler das Wort und vervollständi-

---

202 Siehe zu den Erzählerfunktionen
Kapitel 1.1. in diesem Buch.

gen gemeinsam den Erzählertext. In Abweichung zur Romanvorlage tritt der Protagonist Josef Knecht partiell als Ich-Erzähler auf. Entsprechend der Logik des narrativen Kommunikationsmodells muss er der extradiegetischen Ebene untergeordnet werden, die bereits durch die heterodiegetischen Erzähler besetzt ist.[203] Tatsächlich wird in dem benannten Beispiel die Grenze zwischen den beiden autonomen Kommunikationsebenen kontinuierlich unterwandert, indem Josef Knecht vereinzelt die Redebeiträge der ihm übergeordneten Erzähler vervollständigt. Entgegengesetzt beenden die heterodiegetischen Erzählerstimmen teilweise die Sätze des Protagonisten. Diese Erscheinungsform einer ontologischen Metalepse greift nicht manipulativ in den Handlungsverlauf der Geschichte ein. Die Grenzüberschreitung vollzieht sich zwischen den autarken Erzählern und stellt ihre kommunikative Unabhängigkeit in Frage.

8.2 Raumdimensionen

Details des Handlungsraums, wie Ortsbestimmung und Beschreibung des Setting, können durch die Erzählerrede oder gegebenenfalls auch durch die Figurenrede vermittelt werden. Über die explizite sprachliche Definition hinaus verfügt das Hörspiel über zusätzliche akustische Darstellungsoptionen, um Raumeigenschaften zu transportieren.

Geräuschkollagen verweisen auf die räumliche Beschaffenheit, Umgebungsgeräusche situieren die Handlung an eine spezifische Lokalität. Die »Stilisierung der Geräusche [kann] trotz eines mehr oder minder hohen Abstraktionsgrades für das musikalische Abbild des realen akustischen Phänomens gelten, dessen Ähnlichkeit mit dem Original sinnlich evident ist«.[204] Durch die Stereophonie lässt sich der Standort der Schallquelle bestimmen. Die Erhöhung oder Reduzierung der Lautstärke suggeriert sich verringernde bzw. zunehmende Distanz zur der jeweiligen Geräuschquelle. Die Illusion eines abfahrenden Autos kann demnach in seiner Bewegungsrichtung und in seiner zunehmenden

---

203 Vgl. das Kommunikationsmodell in Kap. 5.2.

204 La Motte-Haber, S. 116.

räumlichen Entfernung durch die Geräuschgestaltung hervorgerufen werden.

Unterschieden werden muss zwischen dem Handlungsraum der erzählten Geschichte und dem Tonraums, innerhalb dessen die Geräuschquellen zu einer Tonkulisse isoliert und kombiniert werden. Der Darstellungsraum des Hörspiels konstituiert sich nicht als visuelle, zweidimensionale Präsentationsfläche, vergleichbar dem Roman, dem Film, dem Comic oder der Hyperfiktion, sondern überträgt sich ausschließlich über den akustischen Kanal.

Musikelemente sind oftmals Bestandteil des Tonraums und finden ihren Ursprung nicht in der Geschichte selbst. Sie dienen auf der Darstellungsebene der Erzeugung von Emotionen, Spannung und auch der Evokation eines Raumgefühls.

Verschiedene Handlungsorte können mit Hilfe einer *sound bridge* fließend ineinander übergehen. Ein Hintergrundgeräusch, wie Kirchenglocken oder die Sirene eines Polizeiwagens, fungiert in diesem Fall als akustische Schnittmenge zweier Räume.

Akustische Überblendungen überlagern Umgebungsgeräusche zweier Handlungsorte, um den Wechsel des Handlungsraums unmerklich zu gestalten.

8.3 Zeitdimensionen

Hörspiele basieren hauptsächlich auf Figurendialogen oder -monologen, die sich über den akustischen Kanal zeitdeckend darstellen lassen, d. h. Erzählzeit und erzählte Zeit stimmen überein. Die Erzählerbeiträge umfassen das ganze Spektrum möglicher Gestaltung von Dauer, Ordnung und Frequenz.

Im Vergleich zum schriftbasierten Roman vermag die akustische Übertragung von Sprache die Gleichzeitigkeit von Redebeiträgen zu realisieren. Eine mögliche Geräuschkulisse vermittelt die parallelen Umgebungsgeräusche. Sukzessivität und Gleichzeitigkeit finden im Hörspiel eine auditive Darstellungsplattform.

Musikelemente dienen im Hörspiel als Übergangsmarkierung, um einen Ortswechsel oder einen Zeitsprung anzukündigen. Darüber hinaus können Tempo und Rhythmus der Musik die Bewegungsvorgänge der Handlung spiegeln.

Eine besondere Form der Geräuschkollage entsteht durch die Überlagerung akustischer Informationen aus unterschiedlichen Zeitfenstern. Sie kann im Sinne einer sound bridge den Übergang eines Zeitsprungs gestalten oder semantische Bezüge zwischen vergangenen und gegenwärtigen Ereignissen herausstellen.

8.4 Tabellarische Zusammenfassung

Erzähler	*Stimme* Informationen über Geschlecht, Alter und Klangeigenschaften der Stimme *Intonation und Rythmus* Unterstützung von Bedeutungsakzenten, Spannungsaufbau und ironischer Distanz *Erzählertext* Präsentation durch unterschiedliche Erzählerstimmen
Metalepse	Verletzung der kommunikativen Autonomie der Erzählinstanzen
Raumdimensionen	*Geräuschkollagen* Charakterisierung des Umgebungsraums *Lautstärke* Entfernung zur Geräuschquelle *Sterophonie* Richtung der Geräuschquelle *Sound bridge u. Überlagerung* Wechsel des Handlungsortes
Zeitdimensionen	*Zeitdeckendes Erzählen d. Figurendialoge u. -monologe* *Gleichzeitigkeit von Figurenrede u. Umgebungsgeräuschen* *Sound bridge u. Überlagerung* Überlappung von Zeitfenstern *Musikelemente* Spiegelung der Bewegung durch Tempo und Rhythmus

Tabelle 4: Erzähltechniken des Hörspiels

9. Hyperfiktion

Die Hyperfiktion nimmt eine Sonderstellung in dem literaturwissenschaftlichen Diskurs ein. Sie genießt den Ruf eines experimentellen und avantgardistischen Randphänomens, und in der Tat hat sie sich seit ihren Anfängen in den 90er Jahren nicht auf dem Literaturmarkt etablieren können. Die wissenschaftliche und künstlerische Auseinandersetzung um die neuen Möglichkeiten des Erzählens auf digitaler Plattform brachte in den Gründungsjahren vornehmlich Extrempositionen zu Gehör. Neben euphorischen Apologeten, die eine Ablösung des Buches durch die Möglichkeiten des Computers für unausweichlich hielten, verzweifelten auf der Oppositionsbank die Kulturpessimisten, die um die Errungenschaften des Abendlandes bangten.

Computergestütztes Erzählen bringt neuartige Erscheinungsformen des Narrativen hervor. Mit anderen populären Erzählgattungen unvergleichbare Darstellungsoptionen unterstreichen noch einmal die medialen Konsequenzen für das Wie und das Was des Erzählens. Dabei soll und kann es nicht um eine qualitative Gegenüberstellung und Bewertung unterschiedlicher Erzählmedien gehen. Untersuchungsgegenstand sind ausschließlich die medienspezifischen Möglichkeiten und Begrenzungen für die Gestaltung von Raum, Zeit und Figurenpersonal.

Hyperfiktionen sind an die Speicher- und Übertragungstechnologien Computer, Diskette, CD-ROM und Internet gebunden. Das hängt auch mit eventuell integrierten Ton- und Videodateien zusammen, aber der Hauptgrund ist das zu Grunde liegende Vernetzungsprinzip, das *Hypertextformat*. Das Präfix *Hyper-* referiert auf diese medienspezifische Textarchitektur, die Informationseinheiten, im Folgenden *Knoten* genannt, durch *Links* miteinander verknüpft. Der Text liegt nicht in einer statischen linearen Anordnung vor, sondern wird erst durch Kombinationsentscheidungen des Rezipienten vervollständigt. Die notwendige Voraussetzung dafür ist die Entscheidungsmöglichkeit zwischen zwei oder mehreren Links, durch deren Aktivierung jeweils ein anderer

Knoten generiert wird. Von dem aus bieten sich erneute Wahlalternativen an.

Die Gesamtstruktur des Textnetzes kann vielgestaltige Formen annehmen, die jeweils den Erfolg oder Misserfolg von Kohärenzbemühungen definieren. Je geringer die Organisation der Textbausteine ausfällt, umso schwerer können semantische Bezüge zwischen ihnen aufgebaut werden.

Der Bildschirm als Darstellungsraum und die manipulierbare Präsentationszeit eröffnen der Zeit- und Raumdarstellung ungewohnte medienspezifische Ausdrucksformen.

Die theoretischen Erörterungen der folgenden Kapitel beschränken sich auf Hyperfiktionen, in denen die Schriftsprache als dominierendes Zeichensystem die Erzählhandlung vermittelt. Die Reduzierung auf hauptsächlich schriftsprachlich konzipierte Hyperfiktionen dient der anschaulichen Gegenüberstellung narrativer Differenzen und Analogien zum Vergleichsmedium Roman, die sich aus der andersartigen medialen Beschaffenheit heraus erklären. »Print and electronic writing may rely on different material supports, which open different possibilities, but, in so far as they both involve language, they share many properties.«[205]

9.1 Raumdimensionen

Die Besonderheit des digitalen Raums besteht in der Vernetzung der Textbausteine, der Knoten. Der hier relevante Raumbegriff bezieht sich folglich nicht, oder nur sehr beschränkt, auf den erzählten Handlungsraum der Geschichte, sondern beschreibt die Organisationsformen der Darstellungsräume. Die Textarchitekturen, die aus den Verknüpfungsstrukturen resultieren, erweitern oder begrenzen die Möglichkeit des kohärenten Erzählens. Kohärenz als syntaktischer Narrativitätsfaktor bedarf eines semantischen Bezugssystems. Netzstrukturen mit einem hohen Anteil richtungsbestimmender Links verfügen über ein größeres kohärenzbildendes Potential, wohingegen ein weniger strukturiertes Verlinkungssystem Kohärenz nur auf der Knotenebene gewährleistet.

---

205 Ryan, Narrative across Media, S. 34.

Fällt der Grad der Vorhersehbarkeit von Linkentscheidungen gering aus, verringert sich gleichermaßen das sinnbildende Leistungsvermögen der Hyperfiktion.

Der Bildschirm als dynamisches Oberflächenphänomen der Darstellung eröffnet darüber hinaus diverse Möglichkeiten der Erzählraumgestaltung. Als Aufführungsraum kann er auch als Aktionsplattform der Figuren zum Einsatz kommen.

Die Relevanz des Darstellungsraums schien bislang den ikonischen Zeichensystemen vorbehalten zu sein. Bis auf wenige Ausnahmen postmoderner Provenienz spielt die räumliche Dimension der schriftsprachlichen Darbietung eine untergeordnete Rolle. Ein Tatbestand der nachweislich nicht (nur) auf das Zeichensystem, sondern auf die Leistungsfähigkeit des Trägermediums zurückzuführen ist.

9.1.1. Texträume

Die Hyperfiktion ist im Vergleich zu allen anderen bereits diskutierten Erzählgattungen nicht linear, sondern vernetzt organisiert. Speziell die Literaturgeschichte des 20. Jahrhunderts hat eine Vielzahl avantgardistischer Bemühungen hervorgebracht, die Linearität ihres Mediums zu unterwandern. Diese experimentellen Verfahrensweisen nehmen die Medialität des Buches in den Fokus, indem sie seine Bedingungen und Begrenzungen vor Augen führen. Nichtsdestoweniger bleibt die lineare Anordnung als medienspezifische Darstellungsform erhalten. Die Vernetzungsstruktur der Hyperfiktion hingegen ist eine medien*gebundene* Erscheinungsform.

Die möglichen Textarchitekturen einer Hyperfiktion können in Anlehnung an Marie-Laure Ryans *structures of interactive narrativity* systematisiert werden. Im Folgenden werden sechs digitale Texträume vorgestellt, durch deren jeweilige Bauart kohärentes Erzählen mehr oder weniger unterstützt wird. Die Abbildungen entsprechen vereinfachten Modellen der jeweiligen Texttypen. Der *vollständige Graph* (Abb. 13) realisiert alle Verbindungsmöglichkeiten zwischen den Knoten der Hyperfiktion. Jeder Knoten ist hier mit jedem anderen Knoten durch einen Link verbunden. Auf eine Leserlenkung durch *notwendige Links* (in diesem Fall liegt nur *ein* weiterführender Link vor) wird verzichtet.

Bezüge auf den Inhalt anderer Texteinheiten bleiben problematisch bis unmöglich, vor allem wenn es sich um umfangreiche Hyperfiktionen handelt. Der vollständige Graph unterstützt assoziatives Lesen, chronologische und kausale Zusammenhänge einer Geschichte lassen sich über einen Knoten hinaus nicht umsetzen.

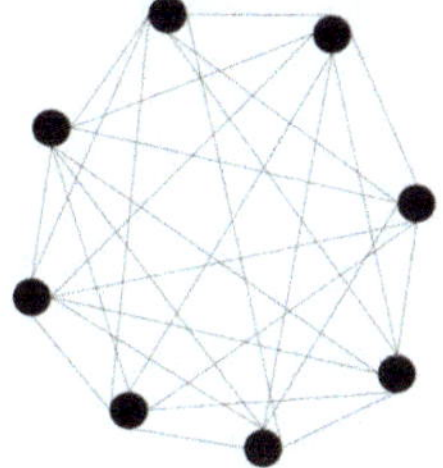

Abb. 13: Vollständiger Graph

Netzwerke (Abb. 14) weisen im Vergleich zum vollständigen Graphen weniger Navigationsalternativen auf und gewährleisten einen geringen Grad inhaltlicher Organisation. Kreislaufbewegungen sind allerdings unausweichlich, solange auf eine Kontrolle des Lektürewegs verzichtet wird. In netzwerkartigen Hyperfiktionen »reader's movements are neither completely free nor limited to a single course«.[206] Netzwerke reduzieren die Beliebigkeit der Anordnung, ohne bereits semantische Geschlossenheit sicherzustellen.

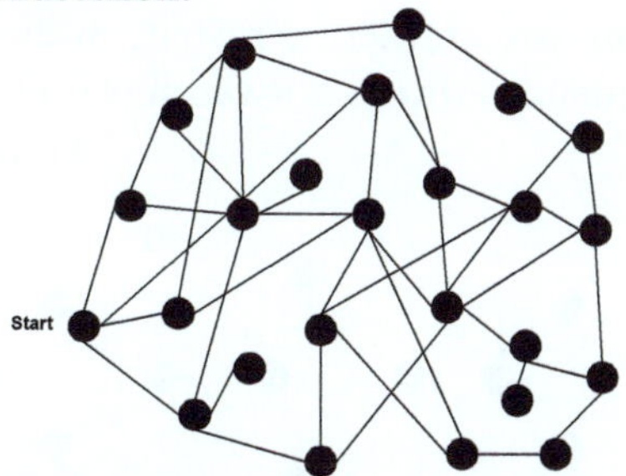

Abb. 14: Netzwerk

Das *Labyrinth* (Abb. 15) funktioniert auf der Basis von Irrwegen und Kreisläufen, die aber nach systematischer Aktivierung aller Linkoptio-

---

206 Ryan, Narrative as virtual reality, S. 247.

nen letztes Endes zu einem oder mehreren letzten Knoten führen. Berkenhegers Hyperfiktion *Zeit für die Bombe* erzählt die Geschichte zweier unglücklicher Lieben mittels einer Labyrinthstruktur, die wie ein Alptraum unvermeidbar zu dem gleichen dramatischen Ende und dem Glück versprechenden Anfang führt. Die Zielorientierung ist in diesem Fall mit dem Kreislaufprinzip kombiniert.

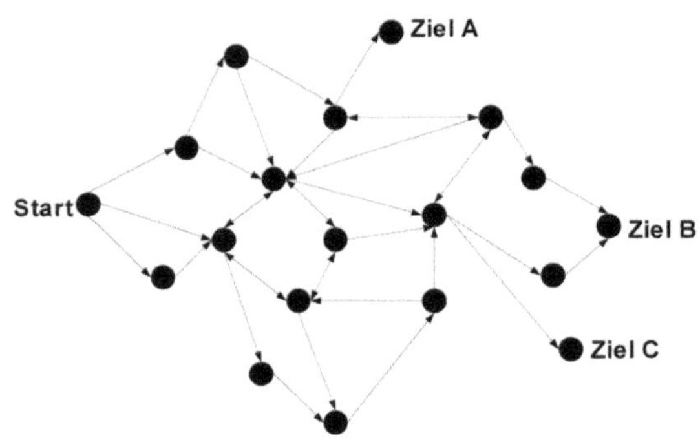

Abb. 15: Labyrinth

Die Unterscheidung zwischen dem Labyrinth und dem *geführten Netzwerk* (Abb. 16) ist gradueller Natur und nicht immer eindeutig zu treffen. Das Labyrinth ist trotz richtungsweisender Orientierungshilfen und Linkbeschränkungen stärker verästelt, während im geführten Netzwerk lineare Sequenzen durch notwendige Links dominieren.

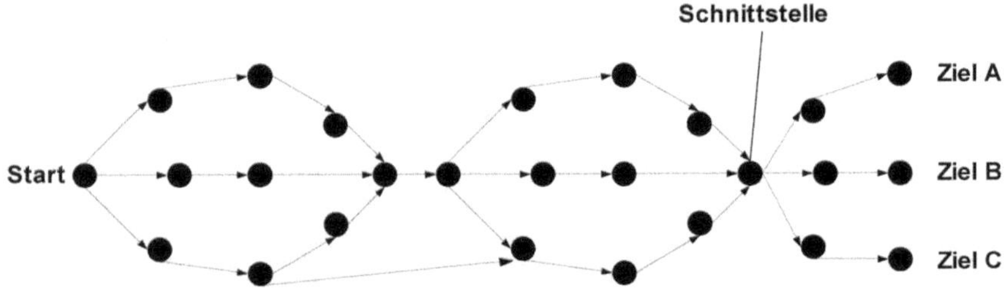

Abb. 16: Geführtes Netzwerk

Bäume (Abb. 17) bilden eine hierarchische Struktur ab, die innerhalb jeden Knotens mindestens zwei Links zur Auswahl stellt. Querverbindungen und Kreisläufe sind ausgeschlossen. Abhängig von der Verzweigungstiefe sind eine Vielzahl von einander unabhängigen Lesepfaden möglich. Die narrative Herausforderung besteht in der semantischen Integration aller potentiellen Verläufe. *Die Aaleskorte der Ölig*, eine Hyperfiktion von Frank Klötgen und Dirk Günther, funktioniert nach dem Baum-Prinzip. Der Leser wählt aus jeder Hierarchieebene jeweils einen Knoten. Die getroffene Auswahl wird ihm anschließend in einer linearen Sequenz präsentiert.

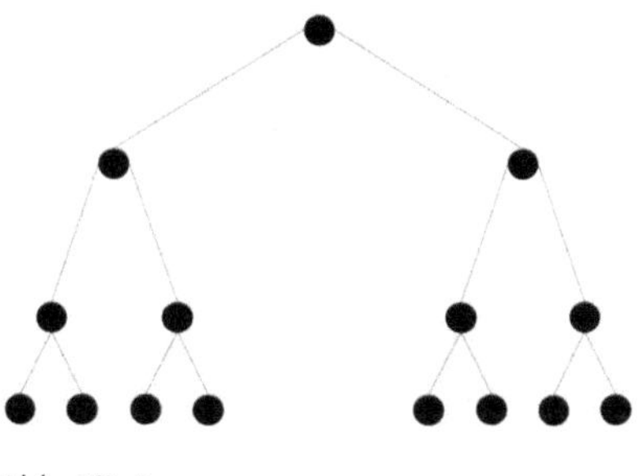

Abb. 17: Baum

Bei dem letzten verbleibenden Textstruktur-Typ handelt es sich nur noch bedingt um eine Hyperfiktion. Der *Vektor mit Seitenverzweigungen* (Abb. 18) organisiert seine Texteinheiten hauptsächlich linear, d. h. nur einzelne Nebenstränge lenken partiell von der linearen Sequenz ab.

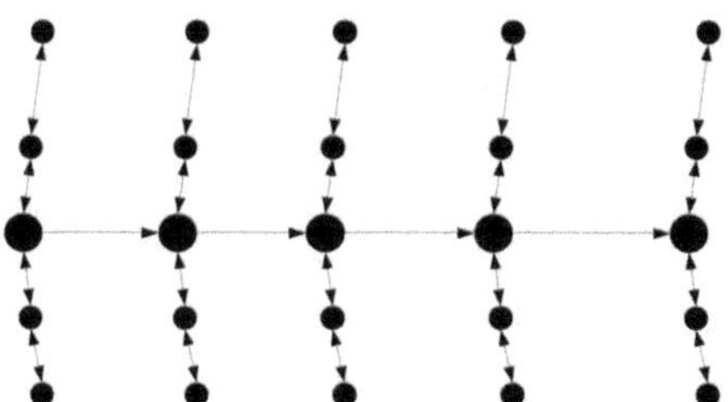

Abb. 18: Vektor mit Seitenverzweigung

Alle Pfade führen am Ende wieder auf den Hauptstrang zurück. Klötgens *Spätwinterhitze* entspricht einer Kreuzung des geführten Netzwerkes und des Vektors mit Seitenverzweigungen. Alle Gabelungen führen früher oder später an denselben Ausgangspunkt oder in dessen unmittelbare Nähe zurück, so dass das Vernetzungsprinzip anfänglich über die lineare Organisation hinwegtäuscht.

Die Hypertextstruktur führt zu keinen pauschalisierbaren Konsequenzen für den Verlauf der Geschichte und das Wie ihrer Darstellung.[207] Deutlich wird nur, dass nicht alle Text-Architekturtypen gleichermaßen geeignet sind, um eine kohärente Geschichte zu verwirklichen.

9.1.2. Link-Typen

Ein Link verbindet Informationsbausteine miteinander. Er fungiert als Absprungstelle zu einem anderen Knoten. Die vollständige Verknüpfung aller Einheiten gestaltet die Textarchitektur der Hyperfiktion. Die inhaltlichen oder formalen Relationen, die dadurch zwischen zwei Knoten hergestellt werden, können durch die Bestimmung von Link-Typen spezifiziert und kategorisiert werden.

Johanna Bucurs Link-Bezeichnungen orientieren sich ausschließlich an inhaltlichen Kriterien. Ihre Einteilung basiert auf der Bedeutung des Zielknotens für den Handlungsverlauf des Erzählten. Treibt er die Handlung voran oder liefert er lediglich Zusatzinformationen? Als *appositive, plot irrelevant links* definiert Bucur Verknüpfungen, die ausschließlich Hintergrundinformationen in Form von Detailbeschreibungen des Settings oder vermittlungsbezogene, analytische oder synthetische Erzählerkommentare bereitstellen. Der Beschreibung des Handlungsverlaufs stagniert zu Gunsten einer Erzählpause. *Plot relevant links* dagegen »are links that offer the reader a choice of action«. Bucur nimmt eine Zweiteilung der *plot relevant links* vor. Links, die für den weiteren Verlauf der Geschichte unverzichtbare Ereignisse verbinden, »in order to leave one level, and, either ascend or descend onto another rank in the pyramid«, differenziert sie von Links, »[that] help us take the small steps, fill in the fine ›tears‹ in the narrative ›fabric‹«.[208] Bucurs Unterscheidung erinnert an Chatmans Begriffspaar *kernels* und *satellites*[209]. Ihre Link-Semantik, die allein auf Relevanzsetzungen basiert, ist abhängig von den individuellen Leserinterpretationen und erfüllt nur unter Vorbehalt dem Anspruch an ein neutrales

---

207 Vgl. dazu Mahne, S. 88 ff.
208 Bucur

209 Siehe dazu Kap. 3 in diesem Buch.

Analyseinstrument. Eine Kritik, die genauso auf Chatmans Einteilung zutrifft.

Beat Suter entwickelt zwei Linktypen, die ebenfalls auf einer inhaltlichen Differenzierung basieren. *Syntagmatische Links* tragen das Handlungsgerüst, *paradigmatische Links* hingegen verknüpfen ergänzende Informationen.

In einfachen narrativen Geschichten sind Hyperlinks, die biografische Einheiten öffnen, oftmals paradigmatisch, während Links, die die Geschichte weitertreiben, meist syntagmatisch zugeordnet sind.[210]

Suters Unterscheidungspaar *optionaler* und *notwendiger* Links beruht auf objektivierbaren formalen Kriterien. Notwendige Links verdanken ihre Bezeichnung der Tatsache, dass es neben ihnen keine Linkalternativen gibt. Es handelt sich folglich um eine kurze lineare Sequenz ohne Entscheidungsmöglichkeit für den Rezipienten. Notwendige Links erlauben deiktische Bezüge über den Knoteninhalt hinaus, vereinfachen theoretisch die Kohärenzbildung. Das räumliche Vernetzungsprinzip wird durch die optionalen Links realisiert, d. h. die Auswahl zwischen verschiedenen Lektüreverläufen.

Performative Hyperlinks verlangen eine Leser-Aktivität. Frank Klötgen integriert in seiner Hyperfiktion *Spätwinterhitze* heterogene Erscheinungsformen performativer Links. Mittels einiger grafisch gestalteter performativer Links aktiviert des Leser Gegenstände der erzählten Welt, z. B. drückt er den Klingelknopf einer Wohnung, woraufhin die Tür geöffnet wird, oder er betätigt die Abspieltaste des Anrufbeantworters, wonach die Nachrichten zu hören oder zu lesen sind. Die performativen Links funktionieren bei den angeführten Beispielen als ontologische Metalepse.[211] Klötgen verwendet performative Links auch als Elemente der Darstellungsebene ohne Bezug zur erzählten Welt. Beispielsweise muss der Rezipient Rätsel lösen, um mit der Lektüre der Hyperfiktion fortfahren zu können.

Präskriptive Links betiteln die sich hinter ihnen verbergenden Informationen. Es kann sich dabei um mehr oder weniger explizite Benennungen des zu Erwartenden handeln. Der Name eines Protagonisten, der dem Leser als Linkalternative zur Wahl gestellt wird, lässt die be-

---

210 Suter   211 Siehe dazu Kap. 9.3.1.

rechtigte Vermutung zu, dass der daran geknüpfte Knoten von dieser Figur handelt. Deutliche Markierungen des Absprungziels durch Linkbeschreibungen im Sinne von *Hier geht es weiter in Peters Lieblingscafé* sind unmissverständlich, wirken allerdings durch den metanarrativen Erzählerkommentar ausgesprochen illusionsstörend.

Bucurs und Suters Linktypen vernachlässigen die mögliche ontologische Relevanz als Kategorisierungskriterium. Gemeint sind Links, die in die erzählte Welt eingreifen und den Verlauf der Ereignisse beeinflussen und solche, die lediglich die Darstellungsebene tangieren. Im Rahmen narrativer Untersuchungen sollen erstere als *geschichts-determinierend* und letztere als *darstellungs-determinierend* bezeichnet werden. Marie-Laure Ryan nimmt eine ähnliche Differenzierung in *exploratory* und *ontological* vor.

In the *exploratory* mode, users navigate the display, move to new observation points, alter their perspective, or examine new objects in order to learn more about the virtual world. But this activity does not make fictional history, [...] users has no impact on the destiny of the virtual world. In the *ontological* mode, by contrast, the decisions of the user send the history of the virtual world on different forking paths. These decisions are ›ontological‹ in the sense that they determine which possible world, and consequently which story, will develop from the situation in which the choice presents itself.[212]

Die Hyperfiktion *Zeit für die Bombe* von Susanne Berkenheger eröffnet dem Leser durch jede Lesepfadentscheidung einen Ausschnitt der Geschichte. Nach der wiederholten Lektüre kann der Handlungszusammenhang der Einzelteile rekonstruiert und zu einer logischen Geschichte verschmolzen werden. Die Linkalternativen haben folglich darstellungs-determinierende Funktion, insofern sie lediglich das Ordnungsgefüge betreffen. Klötgen mischt in seinem Hyperkrimi *Spätwinterhitze* geschichts- und darstellungs-determinierende Links. Stellenweise muss sich der Rezipient für eine von zwei möglichen Handlungsverläufen entscheiden.

Die vorgestellten Linktypen können gegebenenfalls in Kombination vorliegen, z. B. in Gestalt eines präskriptiven darstellungs-determinierenden optionalen Links. Farbe, Form und Animation der Links dienen

---

212 Ryan, Beyond Myth and Metaphor, S. 596.

dem Leser als zusätzliche Orientierungshilfen. Jeder involvierten Figur werden beispielsweise farblich markierte Links zugeordnet, anhand derer das Schicksal der ausgewählten Figur gezielt weiterverfolgt werden kann. Susanne Berkenheger platziert in *Hilfe! Ein Hypertext aus vier Kehlen* die Links in Pop-Ups, die den Figuren eindeutig zugeordnet sind. Zusätzlich wird der Text jeder Figur farblich markiert.

9.1.3. Interaktivität

Espen Aarseth unterscheidet vier mögliche Leseaktivitäten, Interaktionen mit dem Text, die er als *user functions* bezeichnet. Die *interpretation functions* sind unabhängig von der medialen Präsentationsform des Textes. Sie referieren ausschließlich auf die aktiven Deutungsleistungen des Rezipienten. Die n*avigation/exploration functions* basieren auf dem dynamischen Kombinationsprinzip der Textbausteine. In Abhängigkeit der zu Grunde liegenden Textarchitektur fällt der Gestaltungsspielraum mehr oder weniger umfangreich aus. Jede Hyperfiktion basiert medienbedingt auf den Navigationsentscheidungen des Lesers, wohingegen dynamische Texte in der Printliteratur die eigenen medialen Grenzen provozieren. Aarseth differenziert weiter in *configuration* und *writing/ textonic functions*. Configuration functions erlauben im begrenzten Umfang die Veränderung des Textmaterials und der Linkstruktur. Writing functions geben die Verantwortung für die Gestaltung der Hyperfiktion in die Hände des Rezipienten ab, der nach eigenem Ermessen Verknüpfungen herstellen und Textelemente hinzufügen kann. Die beiden letztgenannten Interaktionstypen verdanken ihren Aktionsradius den medialen Optionen des Internets. Einige Mitschreibeprojekte im Netz eröffnen beispielsweise die Möglichkeit, eigene Beiträge in ein bestehendes Textgeflecht einzugliedern.

In der Praxis dominieren Hyperfiktionen, die sich auf das Kombinationsprinzip reduzieren. Nur dieser Interaktions-Modus erlaubt ein Mindestmaß an Kontrolle des Erzählprozesses und damit natürlich auch des kohärenten Erzählinhalts.

9.1.4. Bildschirm als Bühne

Der Bildschirm als Bühne präsentiert sich als Erzählraum und als erzählter Raum. Susanne Berkenhegers Hyperfiktion *Zeit für die Bombe* arbeitet mit Browserfenstern als Darstellungsraum des Textes. Sie nutzt parallel zum Hauptfenster die Datei-Titelleiste, um Ereignisse oder Figurenrede eines anderen Handlungsorts zu beschreiben bzw. zu zitieren. Die räumliche Organisation der Schriftzeichen auf diesen zwei Ebenen erweckt die Illusion einer Mauerschau, die dem Leser einen heimlichen Blick in einen anderen Handlungsstrang gewährt. Die Zweiteilung des Erzählraums wird bei Berkenheger durch die Platzierung an den oberen Rand des Browserfensters symbolisch im Sinne des Oppositionspaares oben vs. unten verstärkt. In *Hilfe! Ein Hypertext aus vier Kehlen* greift Berkenheger die originelle Zweiteilung des Darstellungsraums wieder auf. Zusätzlich arbeitet sie mit der Metamorphose der Schriftzeichen, um den Inhalt des Textes auch visuell zu unterstützen. Die Sätze fallen langsam in den unteren Bildschirmrand und werden dabei kleiner und kleiner, um das in den Schlaf fallen des Protagonisten zu veranschaulichen. Der Bildschirm wird auch zum Aufführungsraum, in dem sich die Figuren, dargestellt durch Pop-Ups, räumlich arrangieren. In jedem Knoten sind sie, entsprechend dem durch den Text vermittelten Handlungsverlauf, einander anders zugeordnet. Der Bildschirm übernimmt in *Hilfe!* die Doppelfunktion eines Darstellungs- und eines Handlungsraums.

9.2 Zeitdimensionen

Die Zeitgestaltung der Hyperfiktion resultiert aus der räumlichen Verknüpfung der Knoten. Die notwendige Navigationsleistung des Lesers ordnet die Informationseinheiten gemäß der gewählten Lesepfadrichtung. Die sich daraus ergebende Sequenzialität der Textbausteine organisiert die Darstellungsebene und damit auch die Erzählzeit. Der Variationsspielraum der Zeitmanipulation steht nicht zuletzt in Abhängigkeit der zu Grunde liegenden Textarchitektur. Je geringer die Kontrolle auf Seiten der Produzenten ausfällt, desto größer sind die Kombinationsmöglichkeiten auf Seiten des Rezipienten. Im Unterschied zum Vergleichsmedium Buch vermag eine Hyperfiktion darüber hinaus die Rezeptionszeit zu manipulieren. Wie lange, wie oft und wann ein Knoten dem Leser präsentiert wird, hängt von der Programmierung der jeweiligen Hyperfiktion ab.

9.2.1. True Time und Pseudo Time

Der Ausdruck *true time*[213] geht auf die Hypertexttheoretiker Markuu Eskelinen und Raine Koskimaa zurück und bezeichnet die messbare Rezeptionszeit in Sekunden, Minuten und Stunden, die in der Hyperfiktion durch spezielle Programmierungen auf vielfältige Art und Weisen beeinflusst werden kann.

The electronic author can manipulate the reader's time at one remove – not only through the words on the page, like all previous authors, but also by determining the presentation of the electronic pages themselves.[214]

Die Manipulation der true time kann auf der Ebene der Knoten oder des Gesamttextes umgesetzt werden. Ihre Programmierung basiert entweder auf dem *real time counter*, der die reale aktuelle Zeit misst, oder dem *system time counter*, der mit dem Öffnen des Dokuments aktiviert wird.

Reading time per node reguliert die zur Verfügung stehende Rezeptionszeit eines Knotens, die gegebenenfalls nur wenige Sekunden beträgt und den Leser zur Eile antreibt. *Total reading time* überträgt die zeitliche Limitation auf den gesamten Hypertext, d.h. seine Präsentationszeit ist begrenzt. *Revisiting* kontrolliert, ob und wie oft ein Knoten wiederholt durchlaufen werden kann. Möglicherweise ist dem Leser nur eine einmalige Lektüre des Knoteninhalts gestattet. Die *reception time* legt die zeitlichen Zugangsbeschränkungen fest, nach der beispielsweise eine Hyperfiktion oder Teile von ihr nur zu bestimmten Uhrzeiten oder Kalendertagen gesichtet werden können.

Bei der *pseudo time*, ein Terminus, der auf Gérard Genette zurückgeht, handelt es sich um ein hypothetisches Konstrukt. Die pseudo time definiert die Erzählzeit, also die Ordnung, Dauer und Frequenz der Darstellung, in Relation zu der tatsächlichen (fiktiven) erzählten Zeit.

---

213 Eskelinen/Koskimaa   214 Bolter, S. 161.

Im direkten Vergleich zum Roman, an dem die Kategorien der Erzählzeit entwickelt wurden, weist die Hyperfiktion eine Besonderheit auf. An die Stelle eines statischen Gestaltungsprinzips tritt hier eine dynamische Größe.

Modifikationen der pseudo time in einer Hyperfiktion können durch die Ergänzung oder Reduzierung des Zeichenmaterials vorgenommen werden. Im Zusammenspiel mit der true time ändert sich beispielsweise der Knoteninhalt nach Ablauf einer bestimmten Zeit oder durch mehrmaliges Passieren zu Gunsten eines detaillierten zeitdehnenden Erzählerberichts. In Susanne Berkenhegers Hyperfiktion *Hilfe! Ein Hypertext aus vier Kehlen* erlaubt der Einsatz von Cookies die Speicherung bereits besuchter Links. Wird ein Knoten wiederholt aktiviert, kommentiert der Erzähler das Rezeptionsverhalten. Alternativ dazu kann die Transformation der Zeichen die Fakten der Geschichte selbst verändern. Handlungselemente können integriert oder gelöscht werden und den Verlauf der erzählten Welt verwandeln.

Während die Manipulation des Zeichenvorrats nur eine Darstellungsmöglichkeit beschreibt, gestaltet die erforderliche Navigationsbewegung des Rezipienten durch den Textraum die Aspekte der Ordnung, Dauer und Frequenz mit jeder Lektüre. Die Reihenfolge der erzählten Ereignisse präsentiert sich gemäß der Linkauswahl bei jedem erneuten Durchgang anders. Die Häufigkeit, mit der ein Ereignis geschildert wird, variiert in Abhängigkeit der Kreislaufbewegungen, die den Leser eventuell wiederholt den gleichen Knoten passieren lassen. Auch die Erzählgeschwindigkeit ist keine statische Größe in der Hyperfiktion. Knoten, die nicht angewählt werden, verkürzen beispielsweise die Erzählzeit. Hinter ihnen verstecken sich unter Umständen auch Handlungseinheiten der erzählten Welt, die dem Leser verborgen bleiben.

Die obligatorischen und denkbaren Modulationen der Rezeptionszeit, Erzählzeit und erzählten Zeit im hypertextuellen Kontext sind zahlreich und medienspezifisches Potential der digitalen Erzählgattung.

Frank Klötgen gelingt in seiner Hyperfiktion *Spätwinterhitze* die Umsetzung zeitdeckenden (*isochonen*) Erzählens mittels Schriftsprache am Beispiel der sukzessiven Formulierung einer Mail. Wort für Wort erscheint im Textfeld der Mail, begleitet von den Geräuschen einer Tastatur. Als Bestandteil der erzählten Welt kann die Schrift in ihrer Prozesshaftigkeit abgebildet werden. Gérard Genettes Feststellung der Unmöglichkeit zeitdeckenden Erzählens durch Schriftsprache findet sich hier widerlegt.

9.3 Kommunikationsstruktur und Erzählerrolle

Die Komplexität der Kommunikationssituation steht in unmittelbarer Relation zu der zu Grunde liegenden Textarchitektur. Soll ein Mindestmaß an narrativer Kohärenz gewährleistet werden, muss auf die Integration hypodiegetischer Ebenen verzichtet werden. Das geführte Netzwerk basiert auf einer vergleichbar hohen Anzahl notwendiger Links, so dass über kurze Strecken die lineare Anordnung der Knoten sichergestellt ist. Innerhalb dieser Abschnitte sind eingebettete Geschichten ohne Verlust des kommunikativen Zusammenhangs realisierbar. Ähnlich verhält es sich bei dem Vektor mit Seitenverzweigungen, der allerdings durch seinen vornehmlich sequenziellen Aufbau nur bedingt die hypertextuellen Kriterien erfüllt.

Die Kommunikationstiefe kann unterstützend durch die Knotengestaltung mitgetragen werden. Farbige Markierungen oder Symbolsysteme kennzeichnen beispielsweise die aktuelle Vermittlungsstufe und übernehmen die Funktion von Orientierungshilfen im Dickicht kommunikativer Verschachtelung. Die Vervielfachung der Darstellungsräume auf dem Bildschirm ermöglicht die gleichzeitige Präsentation, und damit auch Gliederung, unterschiedlicher Kommunikationsebenen.

Welche Konsequenzen für die Erzählinstanz resultieren aus den Textbruchstücken, aus denen sich die Hyperfiktion zusammensetzt? Für den Erzähler folgt aus einer unübersichtlichen Verknüpfungsstruktur ein gleichzeitiger Verlust an Leserkontrolle. Spannungssteigernde Erzähltechniken und vielschichtige semantische Bezugssysteme können nur auf Knotenebene umgesetzt werden. Die Bausteine des Erzählens müssen folglich einen gewissen Grad an Autonomie behalten. Landow beschreibt die daraus hervorgehende medienspezifische Erzählerposition als weniger autoritär.

[…] hypertext does not permit a tyrannical, univocal voice. Rather the voice is always that distilled from the combined experience of the monetary focus, the lexia one presently reads, and the continually forming narrative of one's reading path.[215]

Die Offenheit der Darstellungsebene betrifft auch die Erzählinstanz. Sie selbst wird durch die Prozesshaftigkeit der Textgestaltung eine inkonstante Größe. Sie zerfällt analog zu der Geschichte in Fragmente, ihre Präsenz ist bruchstückhaft und zufällig.

9.3.1. Ontologische Metalepse

Hyperfiktionen unterstützen eine außergewöhnliche Erscheinungsform metaleptischen Erzählens: die ontologische Metalepse der werkexternen Ebene des realen Lesers mit der werkinternen diegetischen Ebene der Figuren. Der kommunikative Grenzverstoß entsteht, wenn der Rezipient durch einen expliziten Appell der Figuren bzw. des Erzählers oder alleine durch die zur Auswahl gestellten Linkalternativen notwendigerweise in den Handlungsverlauf der Geschichte eingreift. Die medienbedingte Navigationsentscheidung erhält geschichts-determinierende Relevanz.

Ikonisch-ontologische Metalepsen mit der werkexternen Ebene gehören bei Computerspielen zur den gebräuchlichen Funktionsweisen. Der Zugang des Anwenders in den Verlauf der erzählten Welt erhöht durch die scheinbare unmittelbare Präsenz das illusionssteigernde Potential. Frank Klötgen integriert in seine Hyerfiktion *Spätwinterhitze* grenzüberschreitende grafische Links, die den Eindruck eines direkten Eingreifens in die fiktive Welt suggerieren. Ein blinkender Anrufbeantworter wird durch den Leser in Gang gesetzt, woraufhin die hinterlassenen Nachrichten zu vernehmen sind, eine Haustürglocke erklingt in Folge der Linkaktivität und öffnet sich. Der Leser scheint durch seine Interaktion die Gegenstände der erzählten Welt zu bedienen.

---

215 Landow, S. 36.

9.4 Tabellarische Zusammenfassung

<table>
<tr>
<td>Texträume</td>
<td>

- Vollständiger Graph
- Netzwerk
- Labyrinth
- geführtes Netzwerk
- Baum
- Vektor mit Seitenverzweigungen

</td>
</tr>
<tr>
<td>Linktypen</td>
<td>

- paradigmatische vs. syntagmatische Links
- notwendige vs. optionale Links
- performative Links
- präskriptive Links
- geschichts-determinierende vs. darstellungs-determinierende Links

</td>
</tr>
<tr>
<td>Interaktivität</td>
<td>

- interpretation function
- navigation/exploration function
- configuration function
- writing function

</td>
</tr>
<tr>
<td>Zeitdimensionen</td>
<td>

True Time: reading time per node
total reading time
revisiting
reception time
Pseudo Time: 1.) Manipulation der Erzählzeit durch das Navigationsprinzip
2.) Manipulation von Erzählzeit und/oder erzählter Zeit durch Transformation der Zeichen

</td>
</tr>
<tr>
<td>Metalepse</td>
<td>

ontologische Metalepse mit der werkexternen Ebene:
textbasierte ontologische M.
ikonisch-onologische M.

</td>
</tr>
</table>

Tabelle 5: Erzähltechniken der Hyperfiktion

10. Schlussbetrachtung

Roman, Comic, Film, Hörspiel und Hyperfiktion sind in ihrem narrativen Leistungsvermögen grundsätzlich zu unterscheiden. Auf der Grundlage ihrer möglichen Darstellungstechniken modelliert jede Erzählgattung auch den Inhalt einer Geschichte. Ein verfilmter Roman weist unweigerlich Abweichungen zu seinem schriftsprachlichen Bezugsmedium auf. Unterschiede, die sich aus den medialen Differenzen heraus erklären. Speziell der Medienwechsel zwischen Erzählgattungen, die auf ungleichen Zeichensystemen beruhen, lässt die Auswirkungen der Form für den Inhalt sinnfällig werden.

Der Funktionsradius von Sprache und Bild unterscheidet sich fundamental. Während Sprache Bedeutungszusammenhänge entfaltet, generalisiert und abstrahiert, ist das Bild an die Anschaulichkeit, die Materialität, der dinghaften Welt gebunden. Wie das Narrative selbst, variiert die Wirkungsfähigkeit der Zeichensysteme im Kontext der medialen Realisation. Über das narrative Potential von symbolischen und ikonischen Zeichen lässt sich folglich nur im Rahmen ihrer bestehenden Manifestationen theoretisieren. Kombinierte Zeichensysteme lassen sich nicht isoliert betrachten, d. h. eine Filmanalyse muss grundsätzlich die Wechselwirkungen beider Bedeutungsträger berücksichtigen.

Comic und Film verknüpfen gleichermaßen Sprach- und Bildeinheiten. Nichtsdestoweniger unterscheiden sie sich gravierend in der Gestaltung von Raum und Zeit. Gemeinsam ist ihnen die durchgängige Abbildung des konkreten Handlungsraums und der sich in ihm bewegenden Figuren, während der Roman auf die räumliche Orientierung und die Vermittlung der äußeren Erscheinungsform der Figuren verzichten kann. Der Roman vermag über lange Strecken die erzähltechnische Funktion hinter Analysen, Kommentaren und Allgemeinplätzen des Erzählers verschwinden zu lassen, während das Bild immer an die konkrete Materialität der erzählten Welt gebunden ist.

Das Hörbuch basiert im Unterschied zum Hörspiel lediglich auf einem Medienwechsel von dem schriftbasierten Buch zu dem laut gelesenen Wort. Dennoch transportiert die akustisch umgesetzte Stimme des Erzählers Informationen, die in der Schriftsprache des Romans nicht enthalten sind. Das Hörspiel integriert darüber hinaus die medienspezifischen Möglichkeiten des akustischen Raums und damit auch die Gestaltungsoptionen der Erzählerrolle.

Die dynamische Textarchitektur der Hyperfiktion destruiert das gewohnte statische Organisationsprinzip Zeit, das sich im Hypertextnetz mit jeder Lektüre neu formiert. Auch die erzählte Zeit ist vor eventuellen manipulativen Eingriffen nicht geschützt.

Die Hyperfiktion basiert auf der Kombinationsfreiheit der Einzelteile. Der Roman und der Comic verfügen über vergleichbare hypertextuelle Möglichkeiten, die allerdings nicht konstitutiv sind für ihre Präsentationsform, sondern die experimentelle Ausnahme bilden. Film und Hörspiel regulieren die Rezeptionsreihenfolge als medienspezifische Darstellungsbedingung.

Die verlustfreie Transformation einer Geschichte, wie sie die Strukturalisten postulieren, ist lediglich ein hypothetisches Konstrukt. Der Erzählinhalt wird statt dessen unvermeidlich von der Darstellungsstruktur des Mediums geprägt.

Die Erzähltheorie orientierte sich in ihren Anfängen vornehmlich an dem Roman. Infolgedessen entstand das umfangreiche Analyseinstrumentarium in Anlehnung an die schriftbasierte Erzählform. Es muss daher in Anwendung auf andere Erzählgattungen sorgfältig geprüft, überarbeitet und weiterentwickelt werden. Speziell am Konzept der Erzählinstanz wird das Problem der *media-blindness* transparent. Viele Erzähltheoretiker öffnen sich heterogenen Erscheinungsformen des Narrativen, versuchen jedoch, die am Roman entwickelte Kategorie des Erzählers als verbindliche Definitionsgrundlage allen Erzählgattungen überzuordnen. Der Erzähler ist allerdings nur im Roman eine unverzichtbare Größe, während er in anderen Erzählgattungen nur ein optionale Position innehat. Die Bemühungen resultieren aus dem methodischen Fehler, das Narrative an medienspezifischen Merkmale festmachen zu wollen.

10.1 Tabellarischer Vergleich narrativer Medien

	Comic	Film	Hörspiel	Roman	Hyperfiktion
visueller Kanal:					
Bild	X	X	O	O	O
Text	X	(X)	O	X	X
akustischer Kanal:					
Musik	O	X	X	O	X
Wort	O	X	X	O	X
Geräusch	O	X	X	O	X
Rezeptionszeit	frei	fest	fest	frei	fest/frei
Zeitdeckendes Erzählen	O	X	möglich	O	begrenzt möglich
Zeitrelation Erzählung–Handlung	gleichzeitig	gleichzeitig	gleichzeitig, später, früher	später, früher, gleichzeitig	später, früher, gleichzeitig
Erzähler	optional	optional	optional	konstitutiv	optional
Navigationsalternativen	optional	O	O	optional	konstitutiv
Raum- und Körperdarstellungen	konstitutiv	konstitutiv	optional	optional	optional
Darstellungsräume	Panel Panelsequenz Seitenlayout	Bildschirm Einstellung Montage	Tonraum	Buchseite	Fenster Titelleiste Pop-Ups

X = trifft zu; O = trifft nicht zu

Tabelle 6: Erzählgattungen im Vergleich

11. Abbildungsverzeichnis

12. Tabellenverzeichnis

13. Primärwerke

Roman

Calvino, Italo: Wenn ein Reisender in einer Winternacht (Se una notte d'inverno un viaggiatore), München [7]1993.

Cortázar, Julio: Rayuela, Frankfurt am Main 1991.

Gide, André: Die Falschmünzer (Les Faux-monnayeurs), Berlin 1987.

Johnson, Bryan S.: Albert Angelo, Frankfurt am Main 1993.

O'Brien, Flann: In Schwimmen-zwei-Vögel (At Swim-two-birds), München [4]1998.

Ott, Claudia (Übersetzung): Tausendundeine Nacht, München 2005.

Saporta, Marc: Composition No. 1, New York 1963.

Sterne, Laurence: Das Leben und die Meinungen des Tristram Shandy (The life and opinions of Tristram Shandy, gentleman), München [5]1991.

Film

Altman, Robert: The Player, USA 1992.

Bergman, Ingmar: Einen Sommer lang (Sommarlek), Schweden 1950.

Godard, Jean-Luc: Die Verachtung (Le Mépris), Frankreich/Italien 1963.

Jeunet, Jean-Pierre: Die fabelhafte Welt der Amélie (Le fabuleux destin d'Amélie Poulain, Frankreich/Deutschland 2001.

Jonze, Spike: Being John Malkovich, USA 1999.

Kelley, David Edward: Ally McBeal, USA 1997–2002.

Montgomery, Robert: Lady in the Lake, USA 1947.

Scorsese, Martin: Cape Fear, USA 1991.

Shyamalan, Manoj Night: Sixth Sense, USA 1999.

Star, Darren: Sex and the City, USA 1998–2004.

Tykwer, Tom: Lola rennt, Deutschland 1998.

Wachowski, Andy und Larry: Matrix, USA 1999.

Comic

Amakane, Suzy: Wangan Dog, in: Comix 2000, Paris 1999.
Baltscheit, Martin/Schnalke, Christian: Valerius. Der Comic-Agent, Hamburg 1992.
Baltscheit, Martin/Schnalke, Christian: Valerius. Zeitlos, Hamburg 1994.
Eisner, Will: Zum Herzen des Sturms, Frankfurt am Main 2005.
Kuper, Peter: The System, New York 1997.
– Sticks and Stones, New York 2004.
Loisel, Régis: Peter Pan, Bd. 1, Berlin 2005.
Lutes, Jason: Berlin, Hamburg 2005.
McCay, Winsor: Little Nemo 1905–1914, Köln 2006.
Miller, Frank: 300, Asperg 2006.
Moore, Alan: Watchmen, Hamburg 2000.
Spiegelman, Art: Maus. Die Geschichte eines Überlebenden, Berlin 1999.
Veitch, Rick: Greyshirt: Indigo Sunset, New York 2001.
– Greyshirt: Indigo Sunset, No. 2 New York 2002.
Watterson, Bill: Calvin and Hobbes, Andrews McMeel Publishing 2006.

Hörspiel

Hesse, Hermann: Das Glasperlenspiel, Hoerverlag DHV 2002.
Marias, Javias: Morgen in der Schlacht denk an mich (Mañana en la batalla piensa en mí), Hoerverlag DHV 1998.

Hyperfiktion

Berkenheger, Susanne: Hilfe! Ein Hypertext aus vier Kehlen, Zürich 2000.
– Zeit für die Bombe. http://www.wargla.de/zeit.htm. (Stand: 01.05.2005)
Klötgen, Frank und Günther, Dirk: Die Aaleskorte der Ölig. http://www.aaleskorte.de (Stand 01.05.2005)
Klötgen, Frank: Spätwinterhitze, Leipzig/Dresden 2004.

14. Sekundärliteratur

Abbott, Lawrence L.: Comic Art. Characteristics and Potentialities of a Narrative Medium, in: Journal of Popular Culture 19.4 (1986), S. 155–176.

Bal, Mieke: Notes of narrative embedding, in: Poetics Today 2.2 (1981), S. 41–59.

– The narrating and the focalization. A theory of the agents in narrative, in: Style 17.2 (1983), S. 234–269.

– Narratology. Introduction to the Theory of Narrative, Toronto [2]1997.

Balázs, Béla: From Theory of the Film, in: Film Theory and Criticism. Introductory Readings, hg. von Gerald Mast u. a., Oxford [2]1979, S. 288–298.

Balázs, Béla: Zur Kunstphilosophie des Films, in: Texte zur Theorie des Films, hg. von Franz-Josef Albersmeier, Stuttgart 1979, S. 204–226.

Balzer, Jens/ tom Dieck, Martin: Nicht versöhnt: Bilder und Texte im Comic, in: Schreibheft, Zeitschrift für Literatur (51), Essen 1998, S. 47–50.

Beller, Hans: Aspekte der Filmmontage. Eine Art Einführung, in: Handbuch der Filmmontage. Praxis und Prinzipien des Filmschnitts, hg. von Hans Beller, München [2]1995, S. 7- 32.

Bernard, Mark/Carter, James Bucky: Alan Moore and the Graphic Novel. (Stand 01. 11. 06)
http://www.english.ufl.edu/imagetext/archives/v1_2/carter/

Bolter, Jay David: Writing space : the computer, hypertext, and the history of writing, New Jersey 1991.

Bordwell, David/Thompson, Kristin: Film Art. An Introduction, New York 2001.

Branigan, Edward: Narrative Comprehension and Film, London 1992.

Bremond, Claude: Le message narratif, in: Communications 4 (1964), S. 3–32.

Bucur, Johanna: The HyLink Framework: A Study of Link Performance. (Stand 01. 11. 2006)
http://www.cs.aue.auc.dk/~pnuern/papers/ht99dc.final/ht99dc.final.txt

Burkart, Roland: Kommunikationswissenschaft, Wien [3]1998.

Buschmann, Matthias: Multiperspektivität – Alle Macht dem Leser?, in: Wirkendes Wort 46.2 (1996), S. 256–275.

Chatman, Seymour: Story and Discourse. Narrative Structure in Fiction and Film, Cornell University Press 1978.

– Coming to Terms. The Rhetoric of Narrative in Fiction and Film, Cornrell University Press 1990.

Cohn, Dorrit: Transparent minds. Narrative Modes for presenting Consciousness in Fiction, Princeton 1983.

Dammann, Günter: Temporale Strukturen des Erzählens im Comic, in: Ästhetik des Comic, hg. von Michael Hein/Michael Hüners/Torsten Michaelsen, Berlin 2002, S. 91–102.

Doelker, Christian: Kulturtechnik Fernsehen. Analyse eines Mediums, Stuttgart 1989.

Dolle-Weinkauff, Bernd: Comics. Geschichte einer populären Literaturform in Deutschland seit 1945, Weinheim 1990.

– Das heimliche Regiment der Sprache im Comic, in: Comics zwischen Lese- und Bildkultur, hg. von Bodo Franzmann u. a., München 1991, S. 66–78.

– Comic, in: Reallexikon der deutschen Literaturwissenschaft, hg. von Klaus Weimar u. a., Berlin 1997, Bd. 1, S. 312–314.

Eisner, Will: Comics and Sequential Arts, Tamarac 1989.

– Graphic storytelling, Tamarac 1995.

Ennenbach, Wilfried: Bild und Mitbewegung, Köln 1989.

Eskelinen, Markuu/Koskimaa, Raine: Discourse timer towards temporally dynamic texts. (Stand: 01. 10. 2005)
http://www.dichtung-digital.de/2001/05/29-Esk-Kosk

Faulstich, Werner: Grundkurs Filmanalyse, München 2002.

Fossati, Franco: Das grosse illustrierte Ehapa Comic Lexikon, Stuttgart 1993.

Fuchs, Wolfgang. J. /Reitberger, Reinhold C.: Comics. Anatomie eines Massenmediums, Hamburg 1971.

Gaudreault, André/Marion, Philippe: Transécriture and Narrative Mediactis. The stakes of Intermediality, in: A Companion to Literature and Film, hg. von Robert Stam, Oxford 2004, S. 58–70.

Genette, Gérard: Die Erzählung, München 1994.

Griem, Julika/Voigts-Virchow, Eckart: Filmnarratologie. Grundlagen, Tendenzen und Beispielanalysen, in: Erzähltheorie transgenerisch, intermedial, interdisziplinär, hg. von Vera u. Ansgar Nünning, Trier 2002, S. 155–184.

Groensteen, Thierry: Ein erster Blumenstrauß von Zwängen. Die Spielregeln des OuBaPo, in: Schreibheft, Zeitschrift für Literatur (51), Essen 1998, S. 182–2002.

Grünewald, Dietrich: Kongruenz von Wort und Bild. Rafik Schami und Peter Knorr: *Der Wunderkasten*, in: Neue Erzählformen im Bilderbuch. Untersuchungen zu einer veränderten Bild-Text- Sprache, hg. von Jens Thiele. Oldenburg 1991, S. 17 ff.

– Comics, Tübingen 2000.

Gutenberg, Andrea: Mögliche Welten. Plot und Sinnstiftung im englischen Frauenroman, Heidelberg 2000.

Hallenberger, Gerd: Medien, in: Reallexikon der deutschen Literaturwissenschaft. Berlin [3]2000, S. 551–555.

Hannes, Rainer: Erzählen und Erzähler im Hörspiel: ein linguistischer Beschreibungsansatz, Marburg 1990.

Hausken, Liv: Coda. Textual Theory and Blind Spots in Media Studies, in: Narrative across Media. The Languages of Storytelling, hg. von Marie-Laure Ryan, Nebraska 2004, S. 391–404.

Havas, Harald: Die Kunst des Comic-Lesens, in: ide. Informationen zur Deutschdidaktik, Bd. 3 (1994), S. 12–26.

Havlik, Ernst: Lexikon der Onomatopöien. Die lautimitierenden Wörter im Comic, Frankfurt am Main 1981.

Heibach, Christiane: Literatur im elektronischen Raum, Frankfurt am Main 2003.

Hickethier, Knut: Film- und Fernsehanalyse. Stuttgart [3]2001.

– Einführung in die Medienwissenschaft, Stuttgart 2003.

Hiesel, Franz: Begonnen hat alles mit der Aktivität literarischer Grenzgänger. Das österreichische Hörspiel, in: Grundzüge der Geschichte des europäischen Hörspiels, hg. von Christian Thomsen/Irmela Schneider, Darmstadt 1985, S. 137–157.

Jost, François: The Look: From Film to Novel. An Essay in Comparative Narratology, in: A Companion to Literature and Film, hg. von Robert Stam, Oxford 2004, S. 71–91.

Kemp, Wolfgang: Ellipsen, Analepsen, Gleichzeitigkeiten. Schwierige Aufgaben für die Bilderzählung, in: Der Text des Bildes. Möglichkeiten und Mittel eigenständiger Bilderzählung, hg. von Wolfgang Kemp, München 1989.

Köbner, Andreas: Musik im Schneideraum, in: Handbuch der Filmmontage. Praxis und Prinzipien des Filmschnitts, hg. von Hans Beller, München [2]1995, S. 144–154.

Kozloff, Sarah: Invisible Storytellers. Voice-Over Narration in American Fiction Film, California 1989.

Kübler, Hans-Dieter: Medien- und Massenkommunikation. Begriffe und Modelle. (Stand: 01. 10. 2005) http://www.mediaculture-online.de

La Motte-Haber, Helga de/Emons, Hans: Filmmusik. Eine systematische Beschreibung, München 1980.

Landow, George P.: Hypertext 2.0. Convergence of contemporary critical theory and technology, Baltimore 1997.

Langhans, Heiko: Watchmen, in: Lexikon der Comics, hg. von Heiko Langhans, Meitingen 1997.

Lanser, Susan Sniader: The narrative act. Point of view in prose fiction. Princeton 1981.

Leitch, Thomas M.: What stories are. Narrative Theory and Interpretation. Pennsylvania 1986.

Lohmeier, Anke-Marie: Hermeneutische Theorie des Films, Tübingen 1996.

Lothe, Jakob: Narrative in fiction and film: an introduction, Oxford 2000.

Mahne, Nicole: Mediale Bedingungen des Erzählens im digitalen Raum. Untersuchung narrativer Darstellungstechniken der Hyperfiktion im Vergleich zum Roman, Frankfurt am Main 2006.

Martinez, Matias/Scheffel, Michael: Einführung in die Erzähltheorie, München 1999.

McCloud, Scott: Comics richtig lesen, Hamburg 1995.

Mitchell, William J. Thomas: Picture theory: essays on verbal and visual representation. Chicago 1998.

Monaco, James: Film verstehen. Kunst, Technik, Sprache, Geschichte und Theorie des Films, Hamburg 1982.

Moore, Alan: Writing for Comics. Rantoul 2003.

Nieragden, Göran: Who sees when ›I‹ speak? Neuvorschläge zur Relation von homodiegetischer Erzählung und Fokalisierung mit einer Beipielanalyse von Ian McEwan's *The children in time*, in: Literatur in Wissenschaft und Unterricht XXIX.3 (1996), S. 207–223.

– Focalization and Narration. Theoretical and Terminological Refinements, in: Poetics Today 23 (2002), S. 685–697.

Nischik, Reingard: Einsträngigkeit und Mehrsträngigkeit der Handlungsführung in literarischen Texten, Tübingen 1981.

Nünning, Ansgar: Grundzüge eines kommunikationstheoretischen Modells der erzählerischen Vermittlung. Die Funktion der Erzählerinstanz in Romanen George Eliots, Trier 1989.

– (Hg.), Unreliable narration. Studien zur Theorie und Praxis unglaubwürdigen Erzählens in der englischsprachigen Erzählliteratur, Trier 1998.

Nünning, Ansgar/Nünning, Vera: Multiperspektivität. Lego oder Playmobil. Malkasten oder Puzzle? Grundlagen, Kategorien und Modelle zur Analyse der Perspektivenstruktur narrativer Texte, in: Literatur in Wissenschaft und Unterricht XXXII, Band 4 (1999), S. 367–388.

– (Hg.), Multiperspektivität aus narratologischer Sicht. Erzähltheoretische Grundlagen und Kategorien zur Analyse der Perspektivenstruktur narrativer Texte, in: Multiperspektivisches Erzählen. Zur Theorie und Geschichte der Perspektivenstruktur im englischen Roman des 18. bis 20. Jahrhunderts, Trier 2000, S. 39–77.

– Multiperspektivität. Lego oder Playmobil, Malkasten oder Puzzle? Grundlagen, Kategorien und Modelle zur Analyse der Perspektivenstruktur narrativer Texte, in: Literatur in Wissenschaft und Unterricht XXXIII, Band 1, 2000, S. 59–84.

Petersen, Jürgen: Erzählsysteme. Eine Poetik epischer Texte, Stuttgart 1993.

Pfister, Manfred: Das Drama. Theorie und Analyse. München [10]2000.

Phillipps, Susanne: Erzählform Manga: eine Analyse der Zeitstrukturen in Tezuka Osamus *Hi-no-tori* (»Phönix«), München 1996.

Prince, Gerald: Narratology. The Form and Functioning of Narrative, New York 1982.

Pross, Harry: Medienforschung: Film, Funk, Presse, Fernsehen, Darmstadt 1972.

Pudowkin, Wsewolod I.: Die Zeit in Großaufnahme. Erinnerungen, Aufsätze, Werkstattnotizen, Berlin 1983.

Rajewsky, Irina O.: Intermedialität, Tübingen 2002.

Reisz, Karel: Geschichte und Technik der Filmmontage, München 1988.

Rigney, Ann: The point of stories. On narrative communication and its cognitive functions, in: Poetics Today 13.2 (1992), S. 263–283.

Rimmon-Kenan, Shlomith: Narrative Fiction. Contemporary Poetics. London 1983.

Ryan, Marie-Laure: Possible Worlds, Artificial Intelligence, and Narrative Theory. Indiana 1991.

– The Modes of Narrativity and their Visual Metaphors, in Style 26.3 (1992), S. 368–387.

– Beyond Myth and Metaphor. The Case of Narrative in Digital Media. (Stand: 01. 11. 2006) http://www.gamestudies.org/0101/ryan/

– Narrative as virtual reality, Baltimore 2001.

– Beyond Myth and Metaphor. Narrative in Digital Media, in: Poetics Today 23.4 (2002), S. 581–609.

– (Hg.), Narrative across Media. The Languages of Storytelling, Nebraska 2004.

– Will new media produce new narratives?, in: Narrative across Media. The Languages of Storytelling, hg. von ders., Nebraska 2004, S. 337–359.

– Still Pictures, in: Narrative across Media. The Languages of Storytelling, hg. von ders., Nebraska 2004, S. 139–144.

Schäffner, Alex M.: Kunst im Comic, in: Lexikon der Comics, hg. von Heiko Langhans, Meitingen 1997, S. 6.

Schleicher, Harald: Film-Reflexionen: autothematische Filme von Wim Wenders, Jean-Luc Godard und Federico Fellini, Tübingen 1991.

Schmitt, Ronald: Deconstructive Comics, in: Journal of Popular Culture 25.4 (1992), S. 153–161.

Schnackertz, Hermann Josef: Form und Funktion medialen Erzählens. Narrativität in Bildsequenz und Comicstrip, München 1980.

Schnurrer, Achim/Rinaldi, Riccardo: Die Kunst der Comics, Hamburg 1984.

Scholes, Robert/Kellogg, Robert: The Nature of Narrative, Oxford 1968.

Schüwer, Martin: Erzählen in Comics. Bausteine einer Plurimedialen Erzähltheorie, in: Erzähltheorie transgenerisch, intermedial, interdisziplinär, hg. von Vera u. Ansagr Nünning, Trier 2002, S. 185–216.

Siegrist, Hansmartin: Textsemantik des Spielfilms. Zum Ausdruckspotential der kinematographischen Formen und Techniken, Tübingen 1986.

Smith, Barbara Herrnstein: Narrative Versions, Narrative Theories, in: Critical Inquiry 7.1 (1980), S. 213–236.

Stanzel, Franz K.: Theorie des Erzählens, Göttingen [5]1991.

Stocker, Karl: Comics: eine Verbindung von Zeichensystemen. Ein Plädoyer gegen Pauschal-Urteile, in: Comics. Eine Ausstellung im Rheinischen Freilichtmuseum Landesmuseum für Volkskunde Kommern, hg. von Annemarie Verweyen, Köln 1986, S. 51–63.

Suter, Beat: Hyperfiction. Theorie und Praxis eines neuen Genres. Interview mit Beat Suter, 2001. (Stand: 01.11.2006) http://www.dichtung-digital.de

Todorov, Tzvetan: Les catégories du récit littéraire, in: Communications 8 (1966), S. 125–151.

Tomaševskij, Boris V.: Theorie der Literatur, Wiesbaden 1985.

Varga, A. Kibédi: Stories told by pictures, in: Style 22. 2 (1988), S. 194–208.

Winkler, Hartmut: Der filmische Raum und der Zuschauer. Apparatus, Semantik, Ideology, Heidelberg 1992.

Wolf Werner: Ästhetische Illusion und Illusionsdurchbrechung in der Erzählkunst. Theorie und Geschichte mit Schwerpunkt auf englischem illusionsstörendem Erzählen, Tübingen 1993.

Wolf, Werner: Das Problem der Narrativität in Literatur, bildender Kunst und Musik: Ein Beitrag zu einer intermedialen Erzähltheorie, in: Erzähltheorie transgenerisch, intermedial, interdisziplinär, hg. von Vera u. Ansgar Nünning, Trier 2002, S. 23–87.

Zipfel, Frank: Fiktion, Fiktivität, Fiktionalität. Analysen zur Fiktion in der Literatur und zum Fiktionsbegriff in der Literaturwissenschaft, Berlin 2001.

15. Sachwortregister